Die Handlesekunst

von

Cheiro

Autorisierte deutsche Ausgabe nach dem englischen Original
mit 9 Tafeln

Herausgegeben und mit einem Vorwort versehen
von
Bianca Gräfin Beck-Rzikowsky

Weitere Bücher aus der Reprint-Reihe:

Die Geschichte der Heilkunde - Magie, Religion, Ethik, Mystik, Philosophie und Wissenschaft von Dr. Georg Honigmann, ISBN 978-3-89094-469-2

Aberglaube und Zauberei in der Volksmedizin von Carly Seifarth, ISBN 978-3-89094-436-4

Der magische Mensch - Vom Wesen und der Magie der Naturvölker von Theodor-Wilhelm Danzel, ISBN 978-3-89094-503-3

Deutsche Mythologie von Prof. Dr. F. Kauffmann, ISBN 978-3-89094-454-8

Die Geschichte des Teufels - Von den Anfängen der Zivilisation bis zur Neuzeit von Paul Carus, ISBN 978-3-89094-424-1

Die Wurzeln der Sage vom Heiligen Gral von Leopold von Schroeder, ISBN 978-3-89094-444-9

Mythologie, Magie, Geheimbünde und Kulte von Hawaii von Dr. Thomas Achelis, ISBN 978-3-89094-471-5

Der Duell-Codex und der Ehrenkodex oder Regeln für Duellanten und Sekundanten im Duellieren von Gustav Hergsell und John Lyde Wilson, ISBN 978-3-89094-432-6

Cheiro (* 01.11.1866 in Dublin; † 08.10.1936 in Hollywood) war Okkultist und Autor zukunftsdeutender Werke. Geboren als ‚William John Warner', nahm er aber schon in frühen Jahren den Künstlernamen ‚Count Louis Hamon' an. Sein Pseudonym Cheiro basiert auf ‚cheiromancy' (Chiromantie = Handlesekunst). Das Buch erschien ursprünglich unter gleichem Titel (Cheiro - Handlesekunst, Erste Auflage, Verlag für Kulturpolitik Berlin, 1927; Druck von Julius Klinkhardt in Leipzig). Wir konnten trotz ausführlicher Recherche keinen Rechteinhaber ausmachen. Sollte es dennoch Rechteinhaber geben, bitten wir um Nachricht.

Gesamtherstellung: Bohmeier Verlag, Printed in Germany

Gesamtherstellung: Bohmeier Verlag, Printed in Germany

ISBN 978-3-89094-572-9

Cheiro

Die Handlesekunst

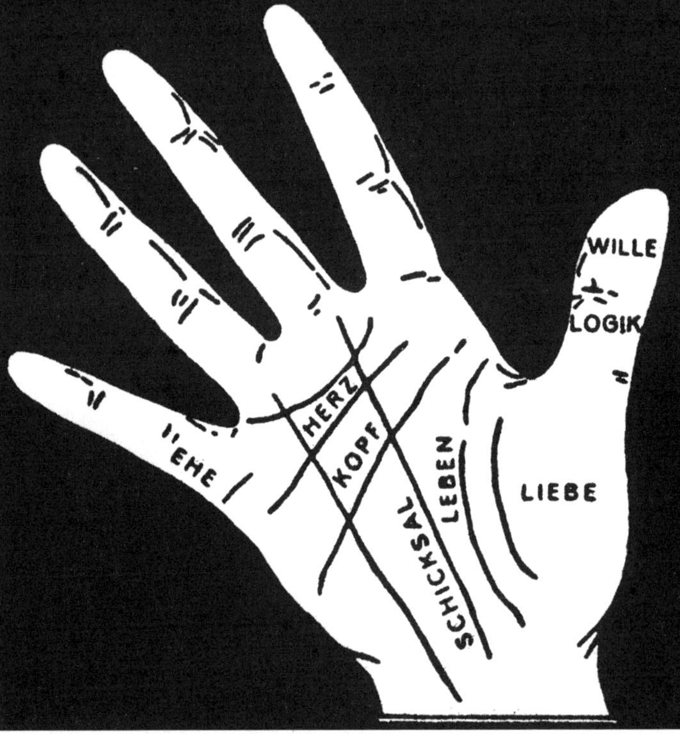

Anmerkung des Verlages

Alle Fußnoten in normaler Schrift sind vom Verlag. Sie sind also ausnahmslos Ergänzungen zum ursprünglichen Werk. Alle Original-Fußnoten sind ohne weitere Anmerkung und in *kursiver Schrift.*
Die Schreibweise der Erstausgabe wurde beim Neusatz geglättet. Korrekturen auf inhaltliche Fehler wurden vorgenommen, jedoch ohne den Charakter der Erstausgabe zu verfälschen oder den Text inhaltlich zu ändern.

Die Tafeln finden Sie ab Seite 15 in einem extra Bereich, damit diese leichter aufzufinden sind.

Inhaltsverzeichnis

Vorwort des Herausgebers

Cheiro ist das Pseudonym eines in England lebenden Aristokraten, der nicht genannt zu sein wünscht.[1] Er hat sein Leben der Forschung gewidmet und auf seinen zahlreichen Reisen so umfangreiche Kenntnisse und Erfahrungen in der Chirologie gesammelt, namentlich aus ägyptischen, indischen und tibetanischen Quellen, dass das vertiefte Studium seines Werkes den Erfahrungsschatz von Jahrtausenden auf diesem Gebiet vermittelt. Ich kenne keinen Chirologen, der seine Materie so souverän beherrschte und dabei die Gabe besäße, sein Wissen so klar und verständlich wiederzugeben, wie Cheiro, so dass es jedem Schüler oder Jünger dieser Wissenschaft ein Leichtes sein wird, aus diesem Büchlein, das hiermit zum ersten Mal in deutscher Sprache der Öffentlichkeit übergeben wird, reiche Belehrung zu schöpfen.

Die Wissenschaft der Chirologie wird von ernster Seite jetzt immer mehr als das anerkannt, was sie in so hervorragendem Maße sein kann und soll: Als ein ausgezeichnetes Mittel zur Selbst- und Menschenkenntnis, eine große Hilfe für die Erziehung der Jugend und eine wertvolle Unterstützung für den Diagnostiker.

Das Büchlein Cheiros „Die Handlesekunst“ müsste von jedem Gebildeten gelesen, studiert und der daraus geschöpfte Erfahrungsschatz im praktischen Leben verwertet werden.

Es gereicht mir zur besonderen Freude, mich dieses vorbildlichen Werkes annehmen zu dürfen. Ich glaube auch seinen Autor als Forscher, Denker und Menschenfreund richtig zu charakterisieren, wenn ich sage: Cheiro ist der *Meister unter den Chirologen.*

Bianca Gräfin Beck-Rzikowsky

---

[1] Um seiner Herkunft rankten sich verschiedenartige Ansichten. So soll Cheiro das Pseudonym eines in England lebenden Aristokraten (Count Louis Hamon) gewesen sein, der einem vortrefflichen Geschlecht entstammte. Laut Astro Datenbank wurde Cheiro als William John Warner in Dublin (Irland) am 1. November 1866 um 10:53 LMT geboren und starb im Alter von 69 Jahren am 8. Oktober 1936 in Hollywood. Cheiro war der größte und erfolgreichste Handleser zu seiner Zeit und ein gern gesehener Gast bei den Größen in der Welt mit Rang und Namen. Zitiert nach: www.juergen-berus.de/cheiro.html. (rs)

„Erkenne dich selbst“

Die Handlesekunst von Cheiro

Ein praktisches Werk über die Wissenschaften der Chironomie und Chiromantie,[2] vom nützlichen und wissenschaftlichen Standpunkt aus betrachtet und aufgebaut auf dem System und den Erfahrungen Cheiros. – Mit Abbildungen der 7 Typen, der Linien, Merkmale und Erhöhungen der Hand.

Tafel IV. - Die Karte der Hand (siehe auch Seite 20)

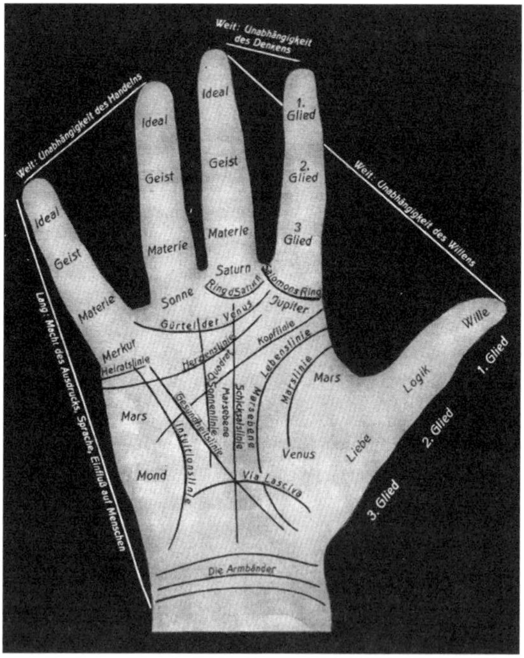

2 Die Lehre der Hand wird in der Fachsprache Chirologie genannt und stammt aus dem griechischen Wort „Logos“ (die Botschaft – die Kunde). Die Chirologie unterteilt man in vier Kategorien:

1) Chironomie – das Wissen der Handform,
2) Chiromantie – das Erklären der Handlinien,
3) Chirodiagnostik – die Erkenntnis aus Handform und Handlinie zur Früherkennung von Krankheiten,
4) Chiromimik – die Bewegungssprache (Handgesten/Händedruck).

Zitiert nach. www.handlese-seminar.de/handlesen-in-der-praxis.php. (rs)

Einführung

Wer die Menschheit von dem überzeugen will, was er selbst glaubt, der muss die jenem zugrunde liegenden Tatsachen so klar und offen darstellen, dass selbst der größte Zweifler gezwungen wird, solche Tatsachen zum mindesten zu achten.
In dieser Beweisführung, bei der ich mich allerdings auf das Wichtigste beschränken muss, will ich versuchen, diesem Grundsatz gerecht zu werden.
Meine Erfahrung in dieser Sache hat mich gelehrt, dass die Leute bloß darum skeptisch sind, weil sie nichts wissen. Es gibt zwar ohne Zweifel Menschen, die die Dinge auf Treu und Glauben hinnehmen, aber die weitaus größere Mehrzahl der Menschen verlangt Tatsachen, die sich auf ihren Verstand und ihre Urteilskraft berufen.
In dieser unserer Welt gibt es viele begrabene Wahrheiten. Die Wahrheit muss, wie das Gold, gesucht und ausgegraben werden. Unter dem Staub der Jahrhunderte liegen viele Gedanken und Dinge verborgen, auf die wir beständig stoßen, so dass wir, wenn die Erkenntnis kommt, schließlich über unsere eigene Unwissenheit staunen, in der wir so lange blind daran vorübergegangen sind. Unsere vielgerühmte moderne Wissenschaft gleicht einem führerlosen Kind, einem Kind, das im Dunkeln etwas findet und es anstaunt, bis sich der Fund, bei Licht betrachtet, als alte Münze oder als Schmuck erweist, der früher schon getragen wurde.
So verhält es sich auch mit dem Studium der Hand. Von allen Seiten bringt die Wissenschaft Beweise für seine Berechtigung und für das geheimnisvolle Lebensprinzip, von dem es protzt; der Staub der Jahrhunderte wird entfernt; Tatsachen kommen ans Licht; in diesem Jahrhundert der Überraschungen spricht man offen von Dingen, die ein neues Licht auf die Wahrheit jenes alten Spruches werfen: „Die Hände sind die Diener des ganzen Wesens, also werden sie durch alles beeinflusst, was das Wesen betrifft."
Wenn in diesem Zeitalter des Materialismus die Menschen schon Tatsachen brauchen, so sei darauf hingewiesen, dass es gegenwärtig kaum ein Studium gibt, welches zu seiner Rechtfertigung mehr Tatsachen anführen kann, als diese Wissenschaft der Hindu-Einsiedler und der alten Zeichensucher.
Die moderne Art der Beweisführung greift gern auf den Anfang der Dinge zurück; sie spürt dem Ursprung der Wahrheiten nach, auf die wir bei unserem Graben am Wegrand gestoßen sind. Darum ist die erste Tatsache, die wir uns in bezug auf dieses Studium vor Augen halten müssen, sein Alter und Ursprung. Es wird viele überraschen, wenn sie hören, dass es älter als das Christentum ist; dass es 2000 Jahre vor Christi Geburt auftauchte und dass, weit weg in jenem Land, wo der schneegekrönte Himalaja in den Himmel ragt, im Menschengeist die seltsame Idee erstand, dass irgendwo und irgendwie die Seele ihre eigene Geschichte schreibt – so wie der Gefangene Namen und Geschichte in die Mauersteine seines Gefängnisses gräbt, wo sie, je nachdem, gelesen oder nicht gelesen werden.

In der ältesten Sprache der alten Welt finden wir diesen Gedanken ausgedrückt und später galten die Linien und Zeichen der Hand als Schrift und Sprache der Seele. Es sei daran erinnert, dass die Leute, die diese Wissenschaft aufbauten und pflegten, wegen ihres Charakterstudiums berühmt waren. Sie studierten Menschen, wie man in unserer Zeit den Mechanismus einer Maschine studiert. Es ist nicht unwahrscheinlich, dass sie es in ihrer Kunst zu einer Vollkommenheit brachten, die der unserer modernen technischen Erfindungen gleichkommt. Wo die Idee zuerst auftauchte, dass die Hand der Dolmetsch des Geistes und folglich der Seele ist, wird man wohl nie erfahren, aber für unseren Zweck genügt es, festzustellen, dass dieses Studium in der arischen Zivilisation, der ältesten der Welt, bekannt war und ausgeübt wurde und dass es seither in Ostindien, der Wiege der orientalischen Philosophie, fast ununterbrochen gepflegt wurde.
In der Glanzzeit der griechischen Zivilisation hat dieses Studium in den Augen jener alten griechischen Philosophen Gnade gefunden, deren Weisheit und Wissen die Grundlage unserer modernen Bildung ist. Wenn Männer wie Anaxagoras,[3] Aristoteles,[4] Paracelsus,[5] Cardamus,[6] Plinius[7] und Hispanus[8] der Wissenschaft

---

3 Anaxagoras (um 500–428 v. Chr.) stammte aus Klazomenai (nahe dem heutigen Izmir in Kleinasien) und ließ sich um 480 v. Chr. in Athen nieder. Zu seinen Schülern gehörten der griechische Staatsmann Perikles, der Dramendichter Euripides und möglicherweise Sokrates. Anaxagoras lehrte nahezu 30 Jahre in Athen, bis er wegen Gottlosigkeit angeklagt wurde, weil er behauptet hatte, die Sonne bestehe aus glühendem Gestein. Der Vollstreckung des Todesurteils konnte er sich nur durch die Flucht entziehen – auch Perikles' Einfluss konnte ihn davor nicht bewahren. Er begab sich zurück nach Kleinasien, wo er bis zu seinem Tod in Lampsakos, einer Kolonie von Milet, lebte.
Zitiert nach: www.raffiniert.ch/sanaxagoras.html. (rs)

4 Der Denker und Geisteswissenschaftler Aristoteles (384–322 vor Christus) gilt neben Platon als der wirkungsstärkste Philosoph der Altgriechen. Er hat zahlreiche Disziplinen entweder selbst begründet oder maßgeblich beeinflusst, darunter wissenschaftliche Philosophie, Wissenschaftstheorie, Logik, Biologie, Physik, Ethik, Dichtungstheorie und Staatslehre. Darüber hinaus war er es, der auch andere wissenschaftliche Disziplinen wie zum Beispiel die Naturwissenschaften philosophisch betrachtete. Das philosophisch-wissenschaftliche Disziplinensystem von Aristoteles basiert auf der Logik und Metaphysik. Seine Lehre mündete in den Aristotelismus.
Zitiert nach: www.whoswho.de/templ/te_bio.php%3FPID%3D1067%26RID%3D1. (rs)

5 Der Alchemist, Astrologe, Mystiker, Laientheologe und Philosoph Paracelsus (Theophrastus Bombastus Philippus von Hohenheim) (1493–1541) ist vor allen Dingen als Arzt und medizinischer Schriftsteller weithin berühmt geworden. In seiner Lehre vertrat er theosophische und naturphilosophische Kenntnisse, um neue Wege der menschlichen Erkenntnis zu finden. Er versuchte, die Theologie mit der Naturwissenschaft zu verbinden und schuf dadurch eine Art Pansophie. Paracelsus gilt als Modernisierer der mittelalterlichen Medizin, der die persönliche Erfahrung des Arztes vor der unselbstständigen Autoritätengläubigkeit in den Vordergrund stellte.
Zitiert nach: www.whoswho.de/templ/te_bio.php?PID=669&RID=1. (rs)

6 Der Arzt und Philosoph Hieronymus Cardamus (1501–1576) erkannte den Zusammenhang zwischen Gehörlosigkeit und Stummheit und schlussfolgerte, dass eine Hörschädigung

von der Hand den festesten Glauben und die größte Hochachtung entgegenbrachten, dann braucht man sich sicher nicht zu schämen auch daran zu glauben. Nur wer diese Tatsache nicht kennt, kann sagen, dass es bloß „Weiber und Narren" seien, die an Chiromantie glauben, wo doch sogar Hispanus Alexander dem Großen ein Buch über diesen Gegenstand schickte und schrieb: „Es ist ein Studium, das der Beachtung eines erhabenen und forschenden Geistes würdig ist."
Dass diese alte Wissenschaft in Ungnade und in die Hände der Marktschreier und Landstreicher fiel, erklärt sich leicht durch den Umstand, dass sie in den ersten Jahrhunderten von der Kirche geächtet wurde. Schon im Jahre 315 erließ die Kirche ein Edikt, wonach die Ausübung der Chiromantie „außerhalb der Kirche" mit Exkommunikation und sogar mit dem Tode bestraft wurde. Bedenkt man dieses Gesetz und die Macht der Kirche in jenen Zeiten, so braucht man sich nicht zu wundern, dass die Leute sich fürchteten, ihren Glauben an diese Wissenschaft zu bekennen oder gar sie auszuüben.
Während der nächsten Jahrhunderte wurde sie freilich mit jeder Art von Aberglauben, schwarzer Kunst und Teufelei vermengt, aber die Wahrheit setzt sich immer durch. Wie ein Phönix erhebt sie sich aus dem Feuer der Verfolgung; so geschah es auch hier. Im Jahre 1445, demselben Jahr, wo die Bibel zum ersten mal mit beweglichen Lettern gedruckt wurde, leitete ein Mönch namens Hartlieb eine Bewegung zugunsten dieses Studiums ein, und im Jahre 1474 veröffentlichte er ein Buch über diesen Gegenstand, nach der Bibel eines der ersten gedruckten Bücher.
Von da an wurden von denkenden Männern manche Versuche gemacht, diesem Studium den ihm gebührenden Rang zu verschaffen. In England hielt man es für nötig, Gesetze dawider zu erlassen. So wurde es nach der unter der Regierung Heinrichs VIII. von der Kirche erlassenen Verordnung mit „Hexerei, Zauberei usw." in einem Atem genannt und jeder Anhänger dieser Wissenschaft mit den schwersten Strafen bedroht.

---

nicht mit mangelnder Intelligenz gleichzusetzen ist. Als Wissenschaftler gab er den Wassergehalt der Lebensmittel und deren Berührung mit der Außenluft als Ursachen für ihren Verderb an. (rs)

7 1) Plinius der Ältere, Gaius Plinius Secundus, lateinischer Schriftsteller, *Comum (heute Como) 23 oder 24 n. Chr., † Stabiae (heute Castellammare di Stabia) 79 beim Vesuvausbruch, Onkel und Adoptivvater von Plinius dem Jüngeren. Von seinen Schriften ist die „Naturgeschichte" („Naturalis historia") in 37 Büchern erhalten, in der er als Erster in enzyklopädischer Kompilation alle Erscheinungen der Natur dargestellt hat.
2) Plinius der Jüngere, Gaius Plinius Caecilius Secundus, römischer Redner und Schriftsteller, *Comum (heute Como) 61 oder 62 n. Chr., † um 113, war Neffe und Adoptivsohn von Plinius dem Älteren und wurde unter Trajan Konsul und später Statthalter von Bithynien. Seine in neun Büchern veröffentlichten Briefe (97–109) geben ein anschauliches Bild der zeitgenössischen römischen Gesellschaft.
Zitiert nach: lexikon.meyers.de/meyers/Plinius. (rs)

8 Es ist unklar welcher ‚Hispanus' hier gemeint ist. (D. V.)

Noch in der Zeit König Georgs IV. heißt es in einem Erlass: „Wer Chiromantie ausübt, wird hiermit für einen Schelm und Landstreicher erklärt und zu einem Jahr Gefängnis und zum Pranger verurteilt."

Im 19. Jahrhundert kam jedoch die Wissenschaft diesem sogenannten Aberglauben zu Hilfe. Die Gelehrten einigten sich dahin, dass die Hand als unmittelbare Dienerin des Gehirns unter dem direkten Einfluss der Seele und unter dem noch geheimnisvolleren und feineren Einfluss des Gedankens steht. Im Jahre 1853 wies Meißner das Vorhandensein fühlbarer Körperchen in der Hand nach, „die in geraden Reihen die roten Linien der Handfläche entlanglaufen". Später bewies er, dass diese Körperchen die Enden der wichtigen Nervenstränge vom Gehirn enthalten, dass sie, solange der Mensch lebt, Schwingungen machen, die von einem Knistern begleitet und „in jedem menschlichen Wesen deutlich erkennbar und verschieden" sind, dass sie sich unter dem Einfluss eines jeden Wechsels im Organismus ändern und augenblicklich aufhören, sobald das Leben erlischt.

Der verstorbene Sir Charles Bell, der als eine der größten Autoritäten der Gegenwart über die Nervenverbindung zwischen Gehirn und Hand gilt, begann 1833 seine berühmte Bridgewater Abhandlung mit den Worten: „Wir müssen die Hand als ausschließlich dem Menschen zu eigen betrachten; sie entspricht in ihrer Empfindlichkeit der Begabung des Geistes." Derselbe Gelehrte folgert in seinem Werk weiter: Da mehr Nerven vom Gehirn zur Hand laufen als zu irgendeinem anderen Teil des Körpers, da die Tätigkeit des Geistes den ganzen Körper beeinflusst, so ergibt sich die Folgerung, dass jeder Gedanke des Gehirns am unmittelbarsten auf die Hand und darum auf ihre Bildung wirkt. – Selbst der ärgste Skeptiker wird bereitwillig zugeben, dass zwischen den Händen von Leuten verschiedenen Temperaments ein großer Unterschied besteht. Die Natur tut nichts ohne Absicht; es muss also solchen Unterschieden eine Bedeutung unterliegen, so wie es bei Tieren der Fall ist, welche Eigentümlichkeiten der Rasse und des Temperaments aufweisen. Für das geübte Urteil des Pferdekenners enthält die geringfügigste Verschiedenheit eine „Sprache in der Linie". Warum soll das gleiche nicht von der Hand gelten?

Wenn nun die Verschiedenheit der Handform von Bedeutung ist, so müssen notgedrungen auch die Unterschiede bedeutungsvoll sei, die in den Nerven, der Haut, den Linien und Nägeln zutage treten.

Wenden wir nun unsere Aufmerksamkeit den Linien zu und prüfen wir die Gründe, die dafür und dagegen sprechen.

Der größte Einwand gegen dieses Studium wird gewöhnlich von Leuten erhoben, die aus Unwissenheit oder weil sie den Zusammenhang zwischen Ursache und Wirkung nicht prüfen, zu dem übereilten Schluss kommen, dass die Linien der Hand durch Öffnen und Schließen und durch beständigen Gebrauch entstanden sind. Das erscheint auf den ersten Blick einleuchtend genug, kann aber einer genaueren Prüfung nicht Stich halten.

Vor allem ist es eine den Ärzten wohlbekannte Tatsache, dass in gewissen Fällen von Lähmung die Linien der Hand lange vor dem Anfall völlig verschwinden, obgleich die Hand sich nach wie vor schließen kann.
Wenn die Linien der Hand durch den Gebrauch entstünden, so müsste eine Frau, die mit den Händen arbeitet, z. B. eine Näherin, die im Ringen ums tägliche Brot die Hände beständig öffnet und schließt, nach allen Regeln der Logik mit 40 Jahren viele tausend Linien und Querlinien an den Händen haben, während eine im Luxus und Bequemlichkeit lebende Frau fast keine hätte; doch ist gerade das Gegenteil der Fall, wie man sich durch die oberflächlichste Beobachtung überzeugen kann.
In meinem umfangreichen Werk „Die Sprache der Hand" habe ich die vielen wissenschaftlichen Gründe für meinen Glauben an dieses Studium eingehender untersucht und auch die Schicksalsfrage genauer behandelt. Der mir hier zur Verfügung stehende Raum gestattet mir nicht, mich in diese Frage zu vertiefen. Um jedoch dem Lernenden, der vielleicht vor irgendeinem skeptischen Freund einem Kreuzverhör unterworfen wird, unter die Arme zu greifen, will ich hier einige Gründe anführen, die dafür sprechen, dass sich die Zukunft in der Hand spiegelt, bevor die Tat geschehen ist. Im Hinblick darauf ist von Gelehrten dargetan worden, dass jeder Teil des Gehirns wachsen, sich verkleinern oder ändern kann, und dass diese Veränderungen in Beziehung stehen mit Veränderungen in der Lebensführung, im Temperament oder in der in alltäglichen Handlungen bewiesenen Begabung. Da sich das Gehirn von der Kindheit zum reifen Alter fortentwickelt, so muss ein Wachstum im Voraus stattfinden, ehe der Augenblick der Macht oder Tat erreicht wird. Die geringfügigste Veränderung muss also den Körper beeinflussen, bevor er zur Tat schreitet; und da wie gesagt, mehr Nerven vom Gehirn zur Hand als zu irgendeinem anderen Teil des Organismus führen, so kann man billig annehmen, dass, für den Sachverständigen, die Hand den im Gehirn vor sich gehenden Wechsel schon früher anzeigt, jahrelang ehe die Handlungsweise des Menschen das Ergebnis einer solchen Veränderung offenbart.
Es ist erwiesen, dass die Linien in der Hand, so wie die Nase oder die Augen im Gesicht, eine normale oder natürliche Lage haben. Die geringste Abweichung von der normalen Lage zeigt anormale Eigenschaften oder Neigungen an, wie z. B. die zum Handgelenk laufende Kopflinie in der Hand eines Selbstmörders, oder die die Herzenslinie – die bessere Natur – beherrschende Kopflinie in der Hand eines Mörders. Wenn also gewisse Zeichen in der Kopflinie diese oder jene geistige Eigentümlichkeit andeuten und gewisse Anzeichen in der Lebenslinie sich auf die Länge oder Kürze des Lebens beziehen, so kann die gleiche Beobachtung, welche Krankheit, Wahnsinn oder Tod jahrelang vor ihrem Eintritt vorhergesagt, auch genau feststellen, wann und mit welchen Folgen eine Heirat geschlossen wird und ob der Mensch im Leben vorwärts kommt oder nicht.
Jede Wissenschaft ist auf Erfahrung aufgebaut; im Studium der Hand sind die Beobachtungen durch tausend und aber tausend Jahre fortgesetzt worden. Wäh-

rend meines Aufenthaltes in Indien durfte ich ein Buch über die Hand benützen und studieren, in dem aufs genaueste über Fälle berichtet wurde, wo sich die Sprache der Linien, Zeichen und Erhöhungen als richtig erwiesen hatten.
Es ist eine von den Gelehrten anerkannte Theorie, dass, vom Standpunkt der Evolution aus gesprochen, das Gehirn eines Individuums von 20 Jahren anfangen kann, ein Talent oder eine Eigentümlichkeit zu entwickeln, die mit 40 Jahren das ganze Leben ändern wird, ohne dass sich das Individuum einer solchen Veränderung bewusst wird, bis der Augenblick der Tat erreicht ist. Da jedoch jene Entwicklung im Gehirn des Zwanzigjährigen eine Veränderung in den Gehirnnerven hervorbrachte, so muss sie auch eine Änderung im ganzen Nervensystem zur Folge haben, ganz besonders aber, wie oben erwähnt, auf die Hand wirken.[9]
Es ist ziemlich gleichgültig, ob der Einfluss, der sich in den Händen offenbart, von dem feinen Gehirnstoff oder von einer noch tieferen verborgeneren Macht herrührt, die „letzten Endes unsere Ziele gestaltet, mögen wir sie so oder anders entwerfen". Diese Kraft oder dieser Einfluss mag auf ewig ein Geheimnis bleiben, aber das berechtigt uns nicht zu einer Weigerung daran zu glauben, bloß weil wir nichts Bestimmtes wissen. Man könnte ebenso gut sagen: „Ich will nicht leben, weil ich nicht weiß, woraus das Leben sich zusammensetzt." Oder: „Ich will nicht denken, weil ich den Denkprozess nicht kenne."
Ich habe hier die Schicksalsfrage nicht berührt, auch nicht die erblichen Einflüsse, die das alte Gesetz erfüllen, wonach die Sünden der Väter an den Kindern heimgesucht werden. Ich möchte jedoch hervorheben, dass, wie das Studium des Lebens uns zeigt, Männer und Frauen unter Bedingungen geboren werden, die eine ganz bestimmte Wirkung hervorbringen; dass den Mördern, den Selbstmördern und den Unglücklichen das größte Mitleid entgegengebracht werden sollte; dass sich die Menschheit nur durch Beachtung des griechischen Spruches: „Erkenne dich selbst!" über die Zustände erheben kann, in denen sie jetzt gefesselt liegt; dass keine Kirche, keine Sekte und kein Glaubensbekenntnis die Menschheit erlösen kann mit Gesetzen, die von Menschen gemacht sind und die Gottes hohe Absichten zu durchkreuzen suchen; dass nur das Studium der Natur uns die Natur offenbart; dass wir, da Gott, Natur und Schicksal eins sind, durch die Kenntnis *unseres* Schicksals den Schöpfer derselben ehren, damit *sein* Zweck erfüllt werde, mag nun unser Schicksal unserer beschränkten Einsicht gut oder schlimm erscheinen, denn:

> What does it matter at the end of life,
> If we are victors crowned with spoil of strife,
> Or humbler soldiers in a well-fought fight,
> Who did their best – and so their best was right?

---

[9] *Es ist kürzlich erwiesen worden, dass ein grauer, dem Gehirn ähnlicher Stoff, in den Fingerspitzen blinder Personen vorhanden ist.*

Die Tafeln

Tafel I.

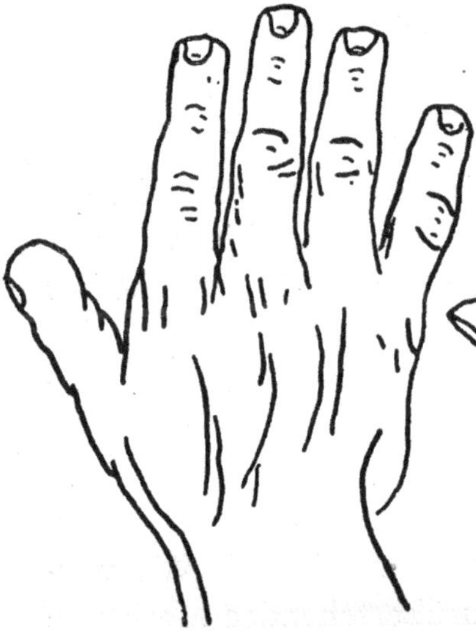

Fig. 1. Die primitive Hand.

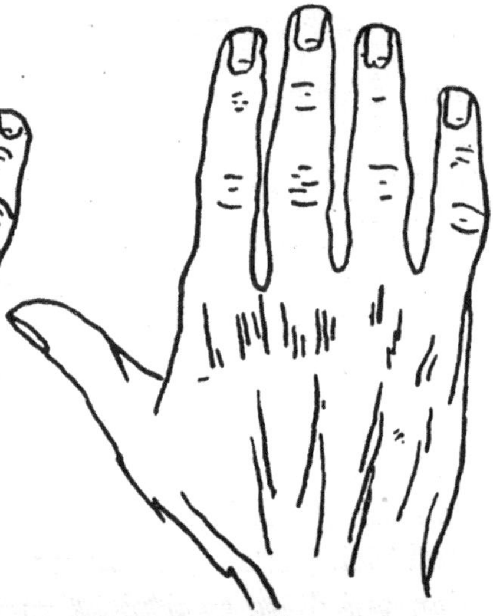

Fig. 2. Die breite, nützliche Hand.

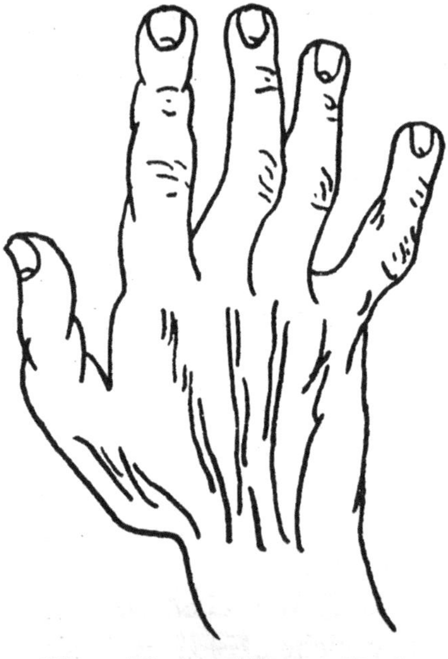

Fig. 3. Die spatelförmige Hand.

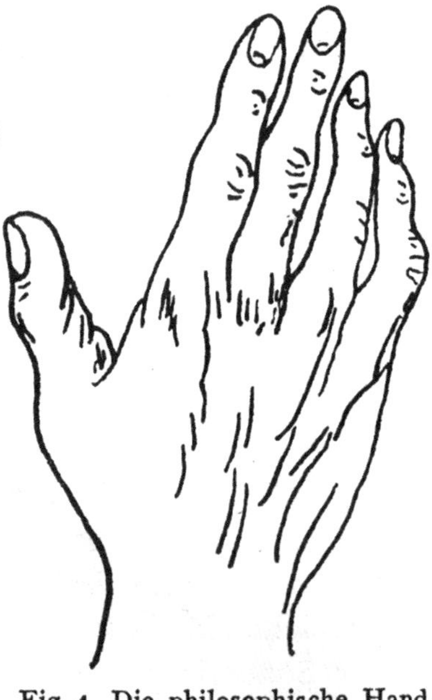

Fig. 4. Die philosophische Hand.

Tafel II.

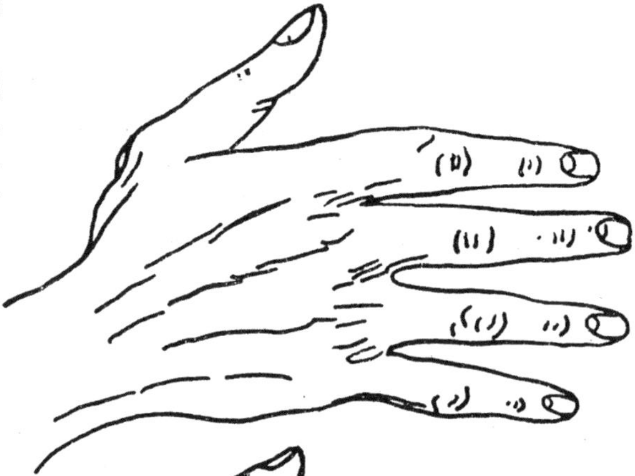

Fig. 1. Die konische oder Künstler-Hand.

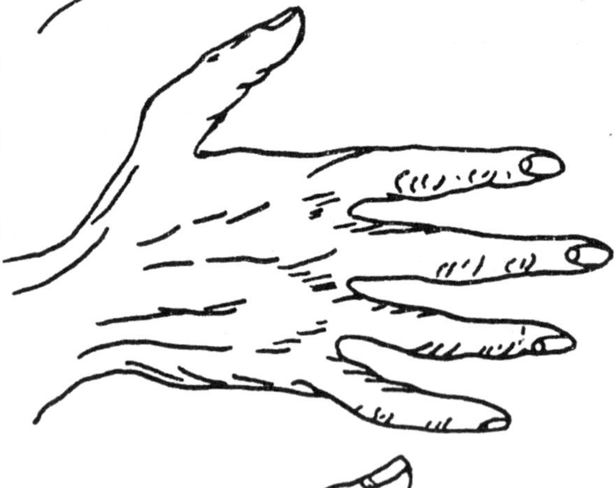

Fig. 2. Die psychische oder idealistische Hand.

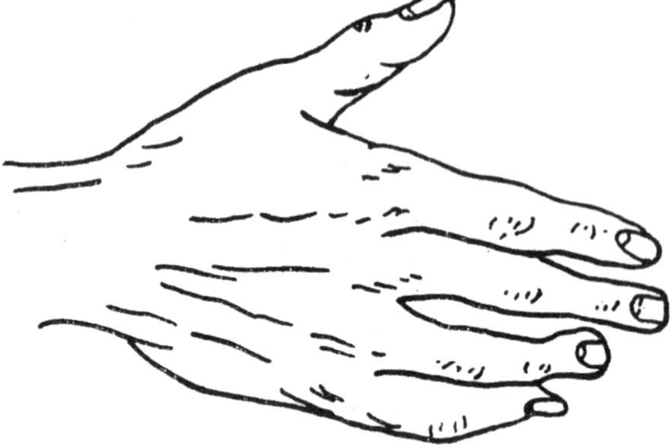

Fig. 3. Die gemischte Hand.

Tafel III.

Fig. 1. Der Klump-Daumen.

Fig. 3. Der geschmeidige Daumen.

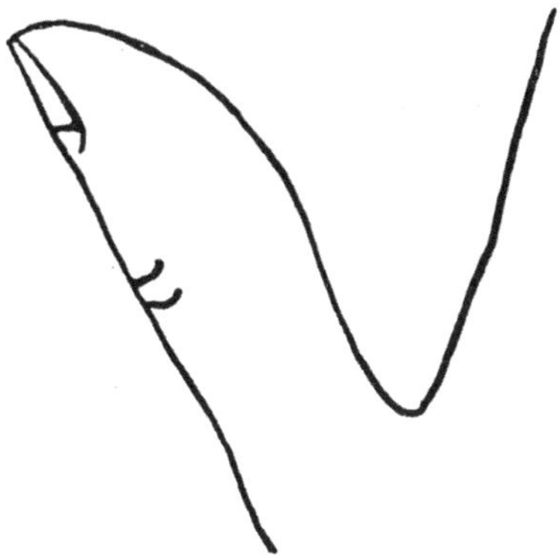

Fig. 2. Der steife Daumen.

Fig. 4.

Fig. 5.

Fig. 6.

Tafel IV.

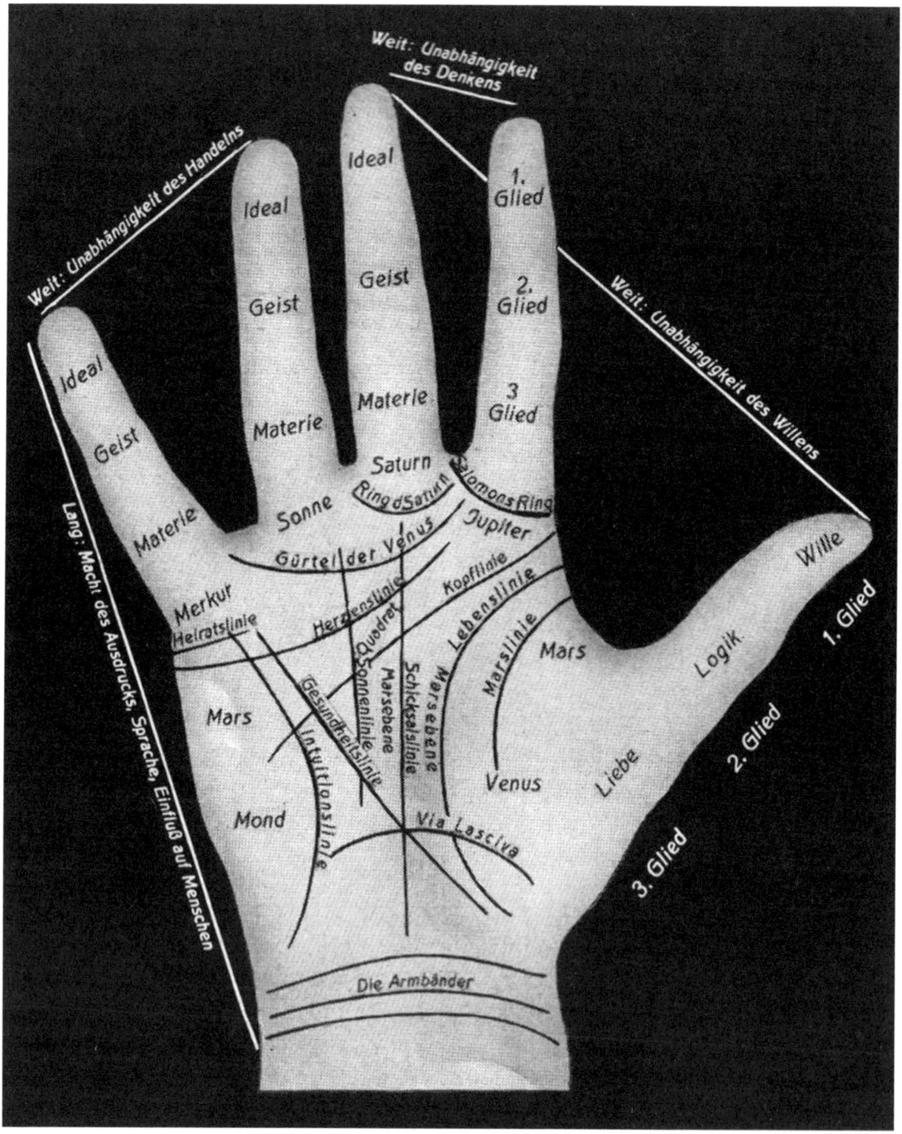
Weit: Unabhängigkeit des Denkens
Weit: Unabhängigkeit des Handelns
Weit: Unabhängigkeit des Willens
Lang: Macht des Ausdrucks, Sprache, Einfluß auf Menschen
Ideal
Geist
Materie
Ideal
Geist
Materie
Ideal
Geist
Materie
1. Glied
2. Glied
3 Glied
Saturn
Ring d. Saturn
Salomons Ring
Sonne
Jupiter
Gürtel der Venus
Kopflinie
Lebenslinie
Merkur
Heiratslinie
Herzenslinie
Quadrat
Sonnenlinie
Marsebene
Schicksalslinie
Marsebene
Marslinie
Mars
Mars
Gesundheitslinie
Intuitionslinie
Venus
Mond
Via Lasciva
Wille
Logik
Liebe
1. Glied
2. Glied
3. Glied
Die Armbänder

Tafel V.

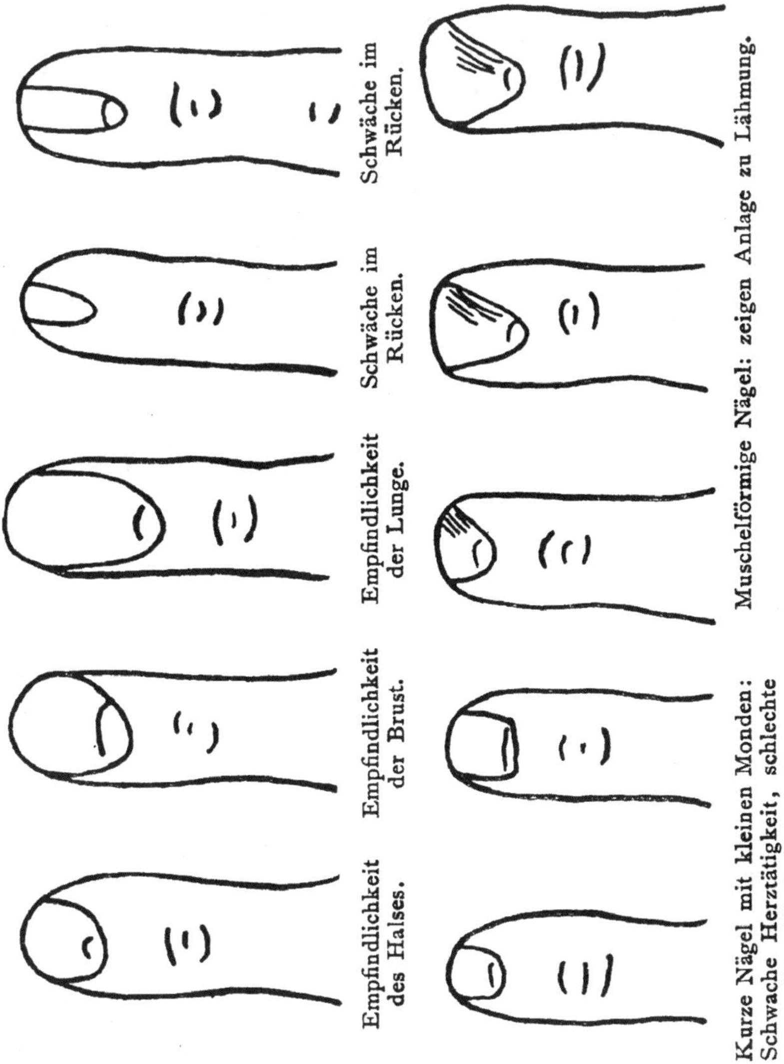
Empfindlichkeit des Halses.
Empfindlichkeit der Brust.
Empfindlichkeit der Lunge.
Schwäche im Rücken.
Schwäche im Rücken.
Kurze Nägel mit kleinen Monden: Schwache Herztätigkeit, schlechte Blutzirkulation, usw.
Muschelförmige Nägel: zeigen Anlage zu Lähmung.

Tafel VI.

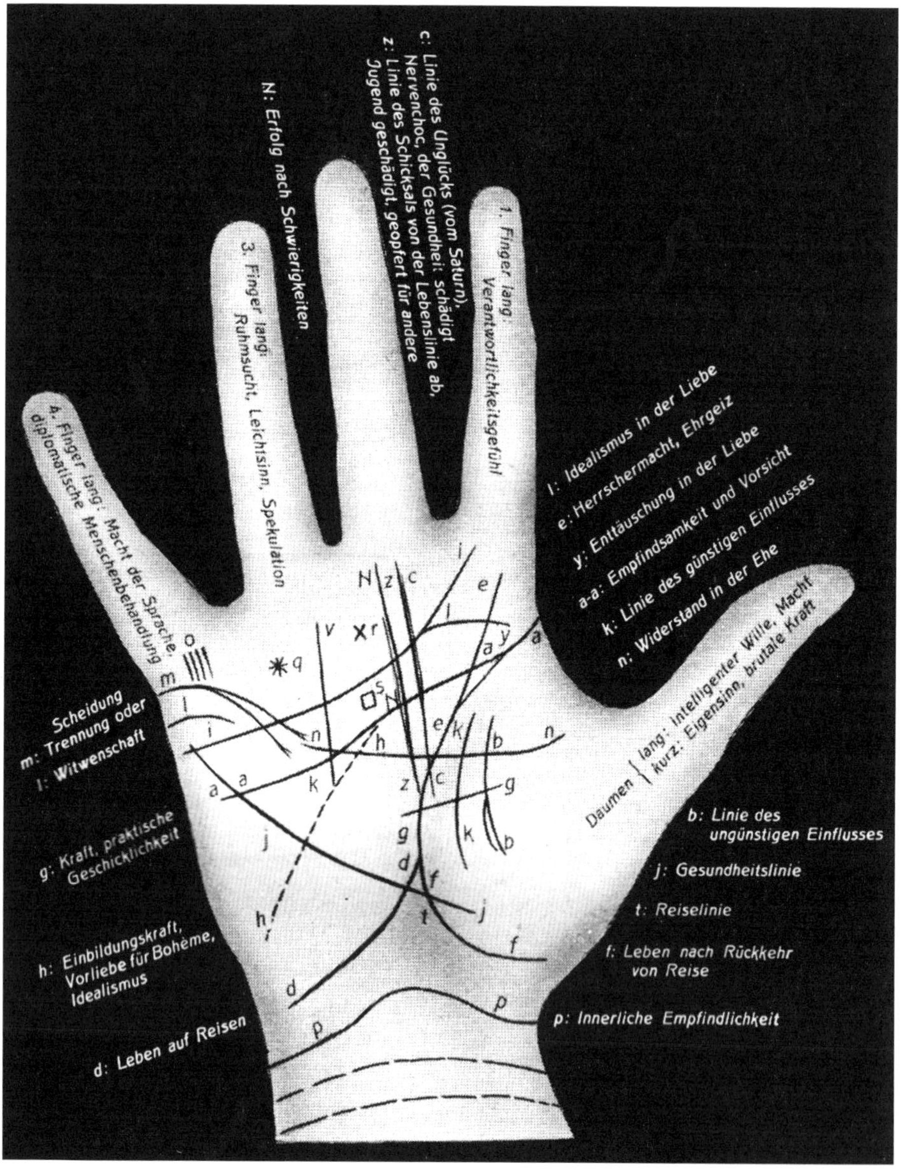
c: Linie des Unglücks (vom Saturn), Nervenchoc, der Gesundhei: schädigt
z: Linie des Schicksals von der Lebenslinie ab. Jugend geschädigt, geopfert für andere
N: Erfolg nach Schwierigkeiten
1. Finger lang: Verantwortlichkeitsgefühl
3. Finger lang: Ruhmsucht, Leichtsinn, Spekulation
4. Finger lang: Macht der Sprache, diplomatische Menschenbehandlung
i: Idealismus in der Liebe
e: Herrschermacht, Ehrgeiz
y: Enttäuschung in der Liebe
a-a: Empfindsamkeit und Vorsicht
k: Linie des günstigen Einlusses
n: Widerstand in der Ehe
Daumen { lang: intelligenter Wille, Macht kurz: Eigensinn, brutale Kraft
m: Trennung oder Scheidung
l: Witwenschaft
g: Kraft, praktische Geschicklichkeit
h: Einbildungskraft, Vorliebe für Bohème, Idealismus
d: Leben auf Reisen
b: Linie des ungünstigen Einflusses
j: Gesundheitslinie
t: Reiselinie
f: Leben nach Rückkehr von Reise
p: Innerliche Empfindlichkeit

Tafel VII.

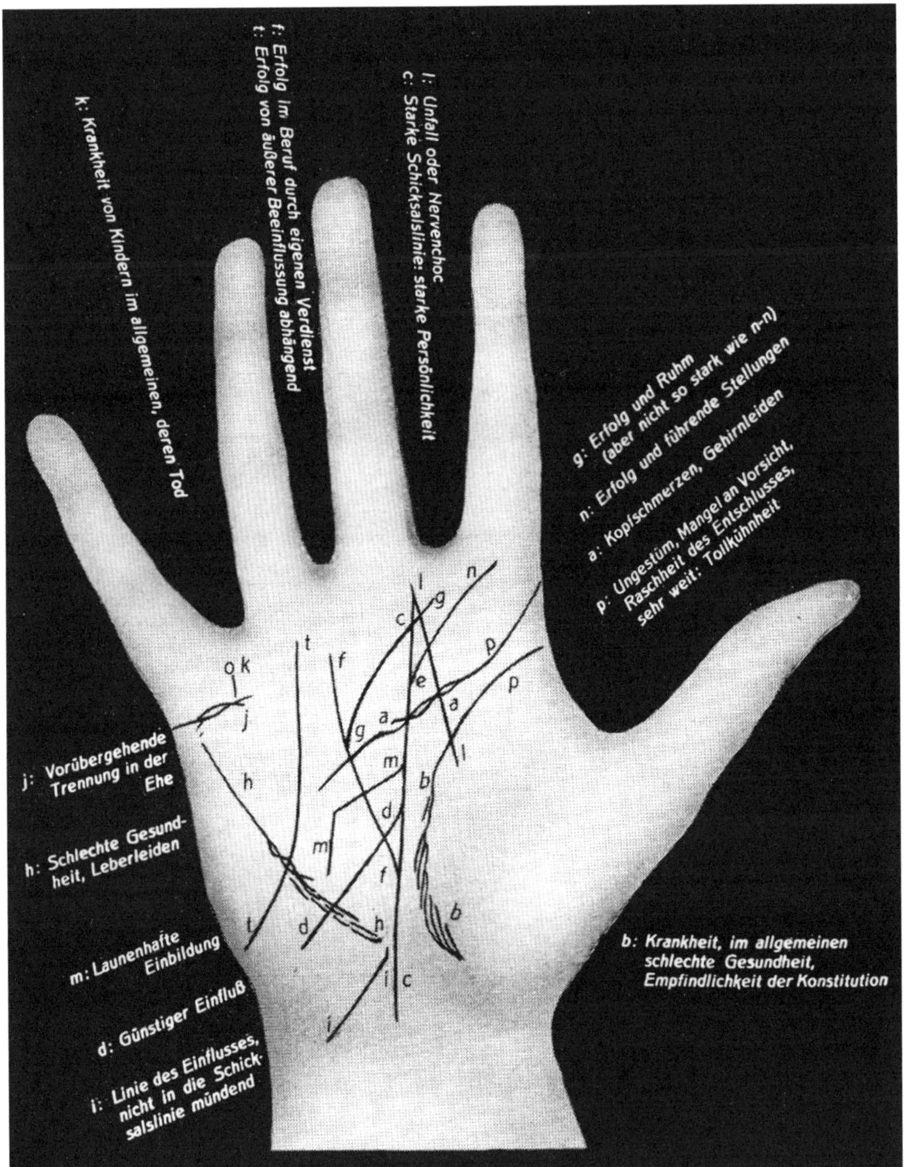

l: Unfall oder Nervenchoc
c: Starke Schicksalslinie: starke Persönlichkeit
f: Erfolg im Beruf durch eigenen Verdienst
t: Erfolg von äußerer Beeinflussung abhängend
k: Krankheit von Kindern im allgemeinen, deren Tod
g: Erfolg und Ruhm
(aber nicht so stark wie n-n)
n: Erfolg und führende Stellungen
a: Kopfschmerzen, Gehirnleiden
p: Ungestüm, Mangel an Vorsicht,
Raschheit des Entschlusses,
sehr weit: Tollkühnheit
j: Vorübergehende
Trennung in der
Ehe
h: Schlechte Gesund-
heit, Leberleiden
m: Launenhafte
Einbildung
d: Günstiger Einfluß
i: Linie des Einflusses,
nicht in die Schick-
salslinie mündend
b: Krankheit, im allgemeinen
schlechte Gesundheit,
Empfindlichkeit der Konstitution

Tafel VIII.

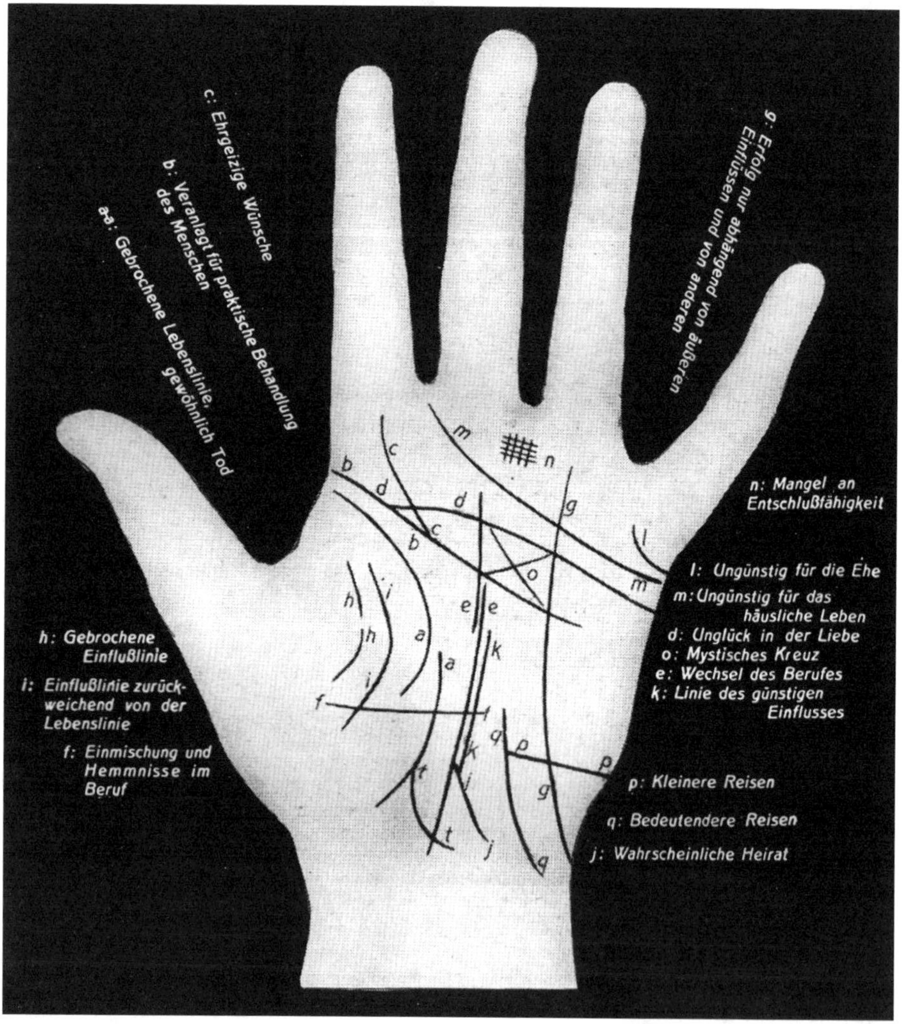
c: Ehrgeizige Wünsche
b: Veranlagt für praktische Behandlung des Menschen
a-a: Gebrochene Lebenslinie, gewöhnlich Tod
g: Erfolg nur abhängend von äußeren Einflüssen und von anderen
n: Mangel an Entschlußfähigkeit
l: Ungünstig für die Ehe
m: Ungünstig für das häusliche Leben
d: Unglück in der Liebe
o: Mystisches Kreuz
e: Wechsel des Berufes
k: Linie des günstigen Einflusses
h: Gebrochene Einflußlinie
i: Einflußlinie zurückweichend von der Lebenslinie
f: Einmischung und Hemmnisse im Beruf
p: Kleinere Reisen
q: Bedeutendere Reisen
j: Wahrscheinliche Heirat

Tafel IX.

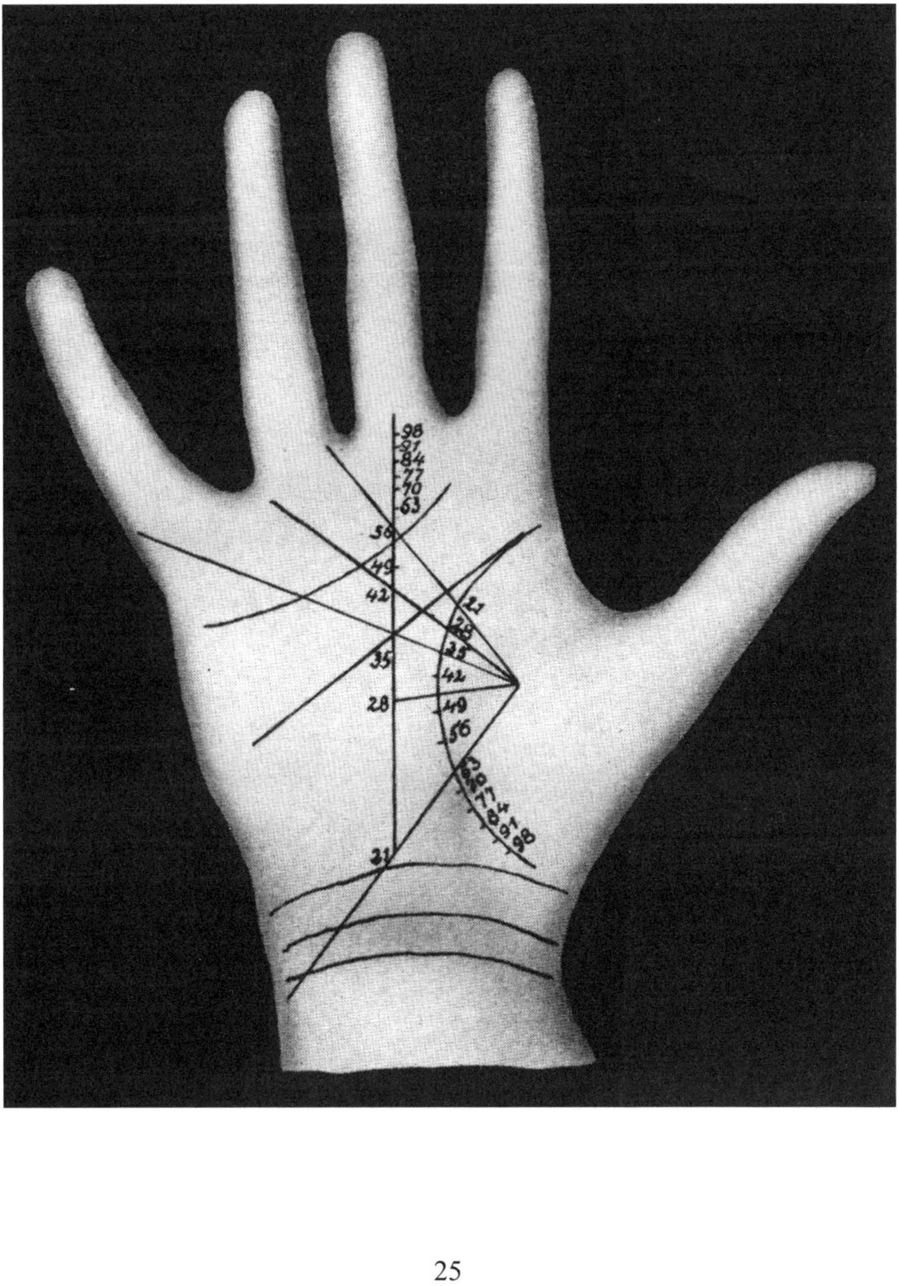

I. Teil – Chironomie

I. Kapitel: Über das Studium der Hand

Das Studium der Hand zerfällt in zwei Abschnitte, die Zwillingswissenschaften der Chironomie und der Chiromantie. Die erste handelte von der Form der Hände und Finger; die letzte von den Linien und Zeichen auf der Handfläche.
So wie die Glieder der Tiere an Gestalt, Umriss und Proportion verschieden sind und dadurch ihre Rasse und ererbten Eigentümlichkeiten verraten, so verhält es sich auch mit den Händen und Fingern der Menschen. Gleich wie ein Pferdekenner am Wuchs der Glieder erkennt, wie viel von der Zucht zu erwarten ist, so kann man aus den Eigentümlichkeiten in der Bildung der Hand darauf schließen, welche Erbschaft der Besitzer von der Kette seiner Ahnen angetreten hat. Man mutet einem Pferd mit schlanken zarten Gliedern nicht die Arbeit zu, die ein Glydesdale[10] mit seinem wuchtigeren Körperbau leistet; ähnliches gilt von den Händen. Die langfingrigen schmalen Hände haben in der Werkstätte des Lebens eine andere Aufgabe als die kurze untersetzte Art; und so verhält es sich mit jeder anderen Klasse. Das Studium der Typen ist daher höchst interessant und außerdem leichter durchzuführen als das Studium der Linien. Denn viele Leute weigern sich, ihre Hände einer Prüfung unterziehen zu lassen. Der Typus der Hand verrät auch den Charakter und das Temperament mit unfehlbarer Genauigkeit.
Der Unterschied in der Form zwischen, sagen wir, der französischen und englischen Hand sollte jeden denkenden Menschen davon überzeugen, dass das Temperament größtenteils durch die Gestalt der Hand angedeutet wird, und obwohl man durch Arbeit oder durch gewisse Arten der Beschäftigung die Hand breiter und größer machen kann, so bleibt doch merkwürdigerweise der Typus der gleiche. Es gibt sieben Klassen von Händen, die gewissermaßen den sieben Menschenrassen entsprechen. Jeder dieser Typen kann wieder in sieben Unterarten eingeteilt werden, was ich in meinem großen Buch genau durchgeführt habe.[11] Die sieben Typen sind:

1. Der primitive oder niedrigste Typus.
2. Die breite oder nützliche Hand.
3. Der spatelförmige oder der tätige nervöse Typus.
4. Die philosophische oder knotige Hand.
5. Der konische oder künstlerische Typus.
6. Die psychische oder idealistische Hand.
7. Die gemischte Hand.

---

10 Die Clydesdale-Pferde sind sehr schwere und ruhige Arbeitspferde und wurden für schwere Transportarbeiten in Landwirtschaft, Industrie und Bergbau eingesetzt. (rs)

11 *„Language of the Hand“* von *Cheiro.*

II. Kapitel: Die sieben Typen der Hand

Die primitive Hand

Bei Betrachtung der sieben Typen beginnen wir mit der niedrigsten, der primitiven Klasse, oft auch die notwendige Hand genannt (Tafel I, Figur 1). Sie stellt den niedersten Typus der Seele dar und bewegt sich auf der Grenzlinie zwischen Tier und Mensch.

Die Hand selbst in ungemein kurz, dick und plump. Auch der Daumen ist ungewöhnlich kurz und erreicht kaum den Ansatz des Zeigefingers. Auf einer solchen Hand sind in der Regel nur wenige Linien, selten mehr als die drei Hauptlinien des Herzens, des Kopfes und des Lebens.

Menschen mit dieser Hand haben geringe geistige Fähigkeiten; man findet sie nur in Berufsarten mit ungelernter körperlicher Arbeit. Solche Leute sind oft außerordentlich heftig, aber nicht mutig; sie beherrschen ihre Leidenschaften wenig oder gar nicht und sind roh und tierisch in ihren Gelüsten.

Die breite Hand

Die breite Hand (Tafel I, Figur 2) wird so genannt, weil die Handfläche am Handgelenk und am Ansatz der Finger breit ist und weil die Finger nahezu ein Viereck bilden. Dieser Typus heißt auch der nützliche, da er sich in vielen nützlichen Berufen findet.

Die breite Hand steht an praktischer und logischer Befähigung allen anderen Typen voran; Menschen mit solchen Händen sind ordnungsliebend und praktisch, nicht so sehr aus Ordnungssinn, sondern mehr aus Gewohnheit.

Sie ehren Gesetz und Ordnung und sind methodisch in ihrer Arbeit; sie verfolgen ihre Ziele mit Ausdauer und Zähigkeit; sie wägen und messen die Dinge nach Regel und Vernunft. Allem was an Idealismus grenzt, stehen sie skeptisch gegenüber; für sie führt nur die Logik zum Glauben, und sie hängen mit äußerster Hartnäckigkeit an ihren Überzeugungen.

Sie haben wenig Originalität und Einbildungskraft, widmen sich aber ihrer Arbeit mit solcher Hingabe, Beharrlichkeit und Kraft, dass sie den meisten Aufgaben gewachsen sind.

Sie sind aufrichtig und halten treu, was sie versprechen – sind verlässlich in der Freundschaft, tragen aber ihr Herz nicht auf der Zunge.

Die Besitzer dieser Hände sind gute Rechtsanwälte, Ärzte, Gelehrte und Geschäftsleute; ihr Hauptfehler besteht darin, dass ihr Leben vom Verstand allein regiert wird, so dass sie über der Suche nach dem Materiellen den tieferen Sinn des Lebens aus dem Auge verlieren.

Die spatelförmige Hand

Die spatelförmige Hand (Tafel I, Figur 3) ist gewöhnlich krumm und unregelmäßig und jede Fingerspitze gleicht einigermaßen der Spatel, welche die Apotheker benutzen.

Bei dieser Klasse ist entweder die Handfläche selbst spatelförmig, und zwar hier wieder entweder breit am Fingeransatz und gegen das Handgelenk zu schmaler werdend, oder sehr breit am Handgelenk und sich gegen die Finger hin zuspitzend. Wir werden auf diese zwei nicht zu übersehenden Merkmale später zurückkommen.

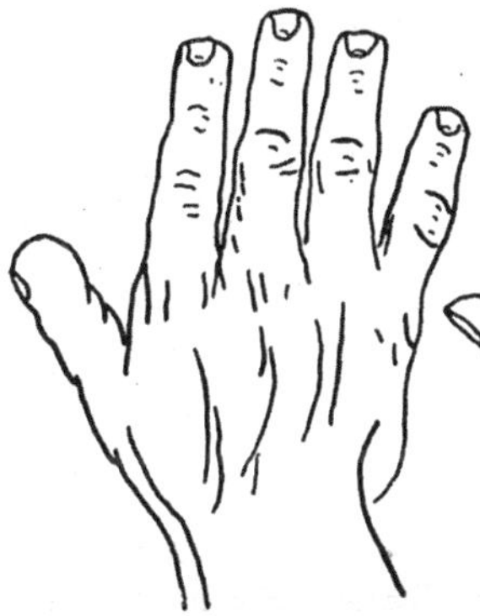

Fig. 1. Die primitive Hand.

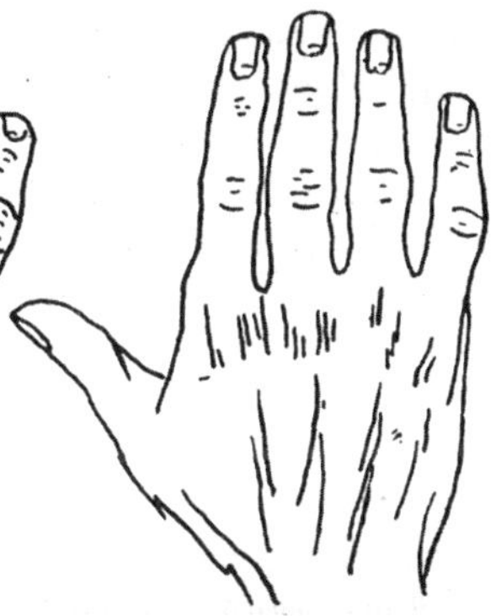

Fig. 2. Die breite, nützliche Hand.

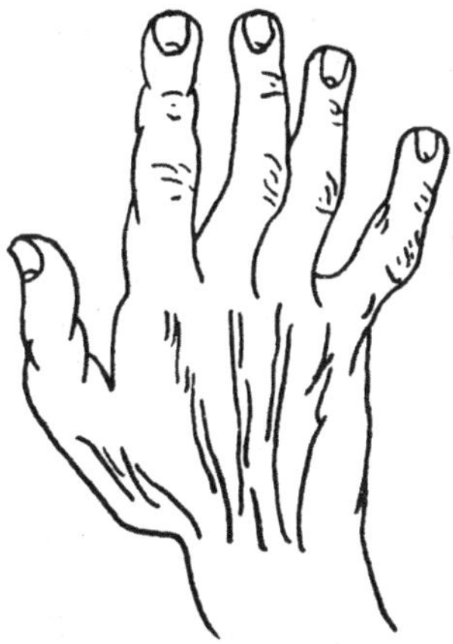

Fig. 3. Die spatelförmige Hand.

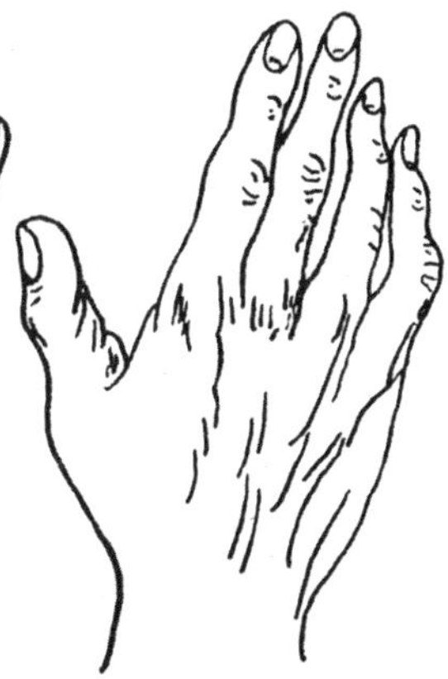

Fig. 4. Die philosophische Hand.

Die spatelförmige Hand ist entweder hart und fest oder weich und schlaff. Im ersten Fall kennzeichnet sie eine unruhige und leicht erregbare Natur, voll Zielbewusstheit und Begeisterungsfähigkeit. Es ist ein herrlicher Typus, der Tatendrang, Energie und Unabhängigkeitssinn, Erfindungs- und Forschungstrieb und Ursprünglichkeit anzeigt.

Große Seefahrer, Forscher, Entdecker, auch Ingenieure und Mechaniker besitzen meist solche Hände.

Was auch die Lebensverhältnisse solcher Menschen sein mögen, sie werden immer durch ihren Unabhängigkeitssinn, ihre hervorstechende Eigenart und ihre begeisterte Aufnahme neuer Ideen in Lehre, Dogma oder Zivilisation auffallen.

Solche Hände kommen oft bei Menschen vor, die wir Sonderlinge zu nennen belieben, bloß weil sie der Bahn des Übereingekommenen und Althergebrachten nicht folgen wollen.

Von den obenerwähnten zwei Unterabteilungen hat die Hand, die vom Handgelenk nach dem Fingeransatz zu breiter wird, die größere praktische Geschicklichkeit. Gehört sie einem Erfinder, so werden seine Erfindungen gemeinnütziger Natur sein; ist aber die Hand am Handansatz breiter, so werden seine Erfindungen nicht die Form nützlicher oder praktischer Dinge annehmen, sondern wird er im Reich des Idealen erfinderisch tätig sein.
Ist die spatelförmige Hand weich und schlaff, so ist dies das Anzeichen eines rastlosen und reizbaren Geistes; solche Menschen haben keine Ausdauer, sie geben sich jeder Augenblicksstimmung hin und sind gewöhnlich unzufrieden und unberechenbar.

Die philosophische Hand

Die philosophische Hand (Tafel I, Figur 4) ist am leichtesten zu erkennen. Sie ist gewöhnlich lang und eckig, mit knochigen Fingern und stark entwickelten Fingergelenken.
Menschen mit solchen Händen haben eine ausgeprägte Persönlichkeit, die sich von den mit anderen Typen begabten Individuen klar unterscheidet. Ihre Weltanschauung, Lebensführung und Handlungsweise ist mehr oder weniger eigentümlich.
Sie sind Philosophen auf die eine oder andere Art; sie scheinen die Sonderstellung ihrer Persönlichkeit zu fühlen, denn obwohl sie gegen alle freundlich sind, so haben sie doch wenig vertraute Freunde oder Kameraden. Nur selten erringen sie großen Erfolg in Form von Reichtum, und ist es doch der Fall, so machen sie davon ausgiebig für andere Gebrauch; sie bauen Häuser für die Obdachlosen, Schulen für die Armen, und sind auch in ihren Gedanken menschenfreundlich, trotz aller Verschrobenheit in ihren Ansichten.
Alle Menschheitsfragen interessieren sie und oft findet man in dieser Klasse die größten Menschenkenner. Solche Personen sehen sehr auf Einzelheiten, auf Ordnung und Zierlichkeit, besonders bei anderen. Man sollte bis ins Kleinste sorgfältig gekleidet sein, wenn man einen Mann oder eine Frau mit philosophischen Händen um eine Gunst bittet.
Sie sind einsam und verschwiegen, ziemlich genau selbst in den kleinsten Dingen, auch im Gebrauch nebensächlicher Ausdrücke. Ihre Eigenart ist ihr Stolz und der Glaube an ihre eigene Persönlichkeit macht sie mitunter selbstsüchtig.
Diese Menschen sind immer religiös veranlagt, auch wenn sie sich zu keinem Glauben bekennen. Die philosophische Hand kommt meist bei Predigern, Dichtern und Schriftstellern vor. Sie verrät, genauer ausgedrückt, eher einen frommen als einen religiösen Sinn; ist dieser übermäßig entwickelt, so ist der Mensch fanatisch in der Religion und im Mystizismus. Alles Geheimnisvolle

zieht ihn mächtig an und das erklärt zum großen Teil den mystischen Gefühlsglauben, der den Menschen mehr fromm als religiös macht.
Man muss bei Beurteilung dieser Hand im Auge behalten, dass die stark entwickelten Fingergelenke das besondere Merkmal gedankenvoller und philosophischer Menschen sind, während die glatten, spitzen Finger das Gegenteil bedeuten. Stark ausgeprägte Fingergelenke geben überdies Lust zum Analysieren; aber die Form der Hand und die Lage der Kopflinie entscheidet, ob sich die analytische Befähigung an Chemikalien oder an Menschen betätigt.
Die Fingerspitzen an der philosophischen Hand können je nachdem spitz, eckig oder spatelförmig sein. In solchen Fällen wird die Handlungsweise und die Vorstellungswelt des Menschen durch die Eigentümlichkeiten des betreffenden Temperaments beeinflusst.

Die konische Hand

Die konische oder künstlerische Hand (Tafel II, Figur 1) hat oft durch ihren Namen irregeführt. Da sie oft schlechtweg die künstlerische Hand genannt wurde, so schloss man daraus, dass Maler oder Musiker notwendigerweise diesen Typus haben müssten. Er zeigt jedoch bloß die Liebe zur Kunst und die Freude am Schönen in jeder Form an. Leute mit solchen Händen führen ihre künstlerischen Ideen selten aus. Der Grund dafür mag in der Tatsache zu suchen sein, dass Menschen mit diesem Typus nicht ein Viertel von der zielbewussten Ausdauer haben, die der mehr eckigen oder philosophischen Art eigen ist.
Die konische Hand wird übrigens oft die Hand des Impulses genannt. Menschen mit solchen Händen überlegen oder urteilen in der Regel nicht; sie gehorchen der Eingebung des Augenblicks und verraten eine künstlerisch impulsive Natur, in der die Liebe zum Luxus und zur Gemächlichkeit vorherrscht.
Solche Menschen ermüden so leicht, dass sie ihre Absichten selten zur Ausführung bringen, trotzdem ihr Gehirn rasch und sicher arbeitet.
Sie sind ausgezeichnete Gesellschafter, haben eine wundervolle Unterhaltungsgabe und begreifen schnell, worauf der Sprechende hinauswill; man muss jedoch zugeben, dass sie mehr oder weniger oberflächlich sind; sie erfassen alles zu Lernende rasch, aber aus Mangel an hingebendem Fleiß erreichen sie nie die Vortrefflichkeit, die ihren Anlagen entspräche.
Sie sind leicht gekränkt und lassen sich von ihrer Umgebung und von den Menschen, mit denen sie in Berührung kommen, leicht beeinflussen.
Frauen mit diesen Händen haschen noch mehr als andere ihres Geschlechts nach Bewunderung; für Liebeshändel sind sie sehr empfänglich; sie können

ohne Liebe nicht leben, sind aber ihren Stimmungen unterworfen und ihre Liebe muss sehr tief gehen, bevor man der Beständigkeit ihrer Zuneigung sicher sein kann.
Bei den Leuten mit diesem Typus entsteht Zu- oder Abneigung auf den ersten Blick und sie gehen dabei ins Extrem; sie brausen auch leicht auf, doch verfliegt ihr Zorn so rasch, wie er gekommen ist.
Im Ärger sind sie schroff und sagen dabei mehr als gut ist; sie sind zu heftig, um ihre Worte und Ausdrücke zu überlegen. Sie sind großmütig und mitfühlend, aber auch einigermaßen selbstsüchtig, wo ihre eigene Bequemlichkeit in Frage kommt, doch ist die Liebesnatur so stark in ihnen, dass ihr Mitgefühl schließlich die Oberhand behält.
Festigkeit und Elastizität in dieser Hand ist ein viel besseres Zeichen als Fülle und Schlaffheit. Im letzten Fall sind die Menschen eigennützig; ihre persönliche Bequemlichkeit steht überall obenan und ihrem Hang zu Luxus und Trägheit opfern sie alle Rücksichten.

Die psychische Hand

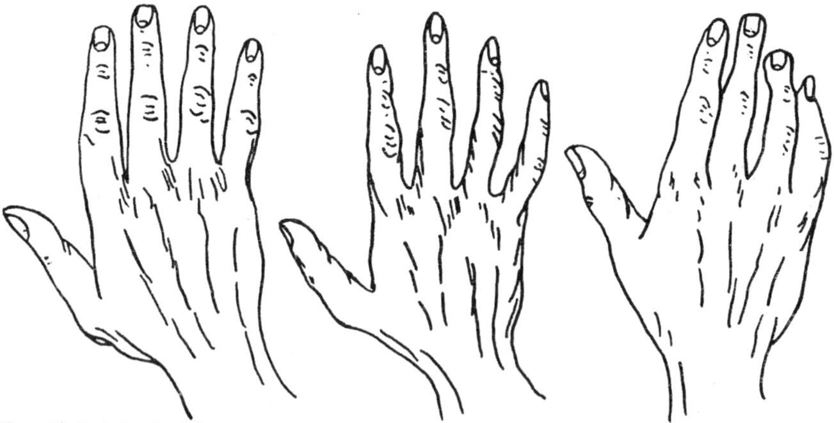

Fig. 1. Die konische oder Künstler-Hand. Fig. 2. Die psychische oder idealistische Hand. Fig. 3. Die gemischte Hand.

Die psychische Hand (Tafel II, Figur 2) ist der schönste, aber auch der unglücklichste Typus von allen, wenigstens soweit die Güter dieser Welt und ihr Erwerb in Betracht kommen. Der reine Typus ist jedoch schwer zu finden, da unsere moderne Zivilisation die Fortpflanzung dieser Gattung oder richtiger des Temperaments, zu dem sie gehört, nicht ermutigt.
Schon die Form dieser Hände verrät uns ihre hilflose Unfähigkeit, sich ans Leben anzuklammern oder den Kampf ums tägliche Brot zu kämpfen, wenn sie dazu verurteilt sein sollten. Menschen mit dieser Hand haben eine rein

visionäre, ideale Natur; sie bringen gewöhnlich die Hälfte ihres Lebens mit dem Streben nach einer Idee zu, und die andere Hälfte damit, dass sie verlorene Maschen in dem Gewebe des Lebens wieder auffangen.
Solche Leute haben keine Spur von Geschäftssinn, Methodik oder Logik; sie kennen keine Ordnung, keine Pünktlichkeit und keine Disziplin. Sie haben einen wunderbar ausgeprägten Farbensinn und oft erringen sie Erfolge in der Malerei oder im Zeichnen, wenn alles andere fehlgeschlagen hat.
Wie Wolf und Lamm sich nicht zusammengesellen können (wenigstens nicht zur Zufriedenheit des Lammes), so ist es auch fast unmöglich, dass sich die Besitzer dieser Hände mit praktisch veranlagten Leuten vertragen. Ich habe gefunden, dass ihr größtes Unglück aus dieser Ursache entspringt; die Leute scheinen es für ihre Pflicht zu halten, jedermann „praktisch zu machen", alles mit demselben Mühlstein zu mahlen und alles in den gleichen feinen Staub zu verwandeln, der unter dem Regen des Unglücks nichts weiter als ein Schlamm der Menschheit wird. Ganz im Gegensatz dazu sind aber diese Naturen Träumer, Kinder der Ideen, Anbeter von Visionen; können wir von ihnen Verständnis für das Einerlei und die Eintönigkeit des Alltagslebens erwarten?
Man sollte ihre Träume ermutigen; man sollte ihre Götter wieder einsetzen und ihre Ideen hegen und pflegen. Kann die Lilie wachsen, wenn man sie in die Wüste verpflanzt? Kann die Treibhausblume gedeihen, wenn man sie dem Frost aussetzt? Das gleiche trifft beim Menschen zu; wir alle sind Töne oder halbe Töne an der großen Harfe des Lebens; Sopran und Bass, Dur und Moll, sie sind alle nötig für die großartige Harmonie des Lebens; lassen wir sie also; alles, was besteht, ist gut.
Menschen mit psychischen Händen sind in Religion und Glauben oft fanatisch und zu Übertreibungen geneigt, oder sie versenken ihren frommen Geist in den Mystizismus, werden Anhänger wunderlicher Ideen des Okkultismus und verlieren sich gewöhnlich in dem einen oder anderen Extrem: die Kopflinie, von der später die Rede sein wird, kann allerdings ein Gleichgewicht feststellen, das sonst nicht vorhanden wäre, doch liegt dieser Punkt nicht im Rahmen dieses Kapitels.

Die gemischte Hand

Dieser letzte Typus ist am schwersten zu beschreiben; sein Name kommt daher, dass nicht bloß die Finger, sondern auch die Hand selbst unmöglich unter die Bezeichnung breit, spatelförmig usw. fällt (Tafel II, Figur 3).
Es ist gerade, als ob dieser Typus aus allen anderen aufgebaut wäre. Der erste Finger kann z. B. spitz, der zweite eckig, der dritte spatelförmig sein usw. Eine solche Natur ist vielseitig, aber veränderlich wie der Sand am Meer; sie passt sich leicht allen denkbaren Ideen oder Umständen an, ist aber wandelbar

und unsicher im Gebrauch ihrer Talente. Ein Mann mit dieser Hand wird vielleicht ein wenig musizieren, malen, singen, wird aber selten, wenn überhaupt, je Hervorragendes leisten. Wird eine solche Hand durch eine starke Kopflinie beherrscht, so ist eine Möglichkeit vorhanden, dass der Mensch in dem einen Punkt Erfolg hat, der ihm am wichtigsten ist und in dem er sich zur Ausdauer zwingt. Aber da dies selten der Fall ist, so gehört die gemischte Hand meist einem begabten Dilettanten an, der zu keiner Aufgabe die nötige Beharrlichkeit mitbringt.

Anmerkung

Der Lernende darf nicht vergessen, dass wegen der Vermischung der Rassen der reine Typus selten auftritt. Die meisten Hände sind eine Verbindung von zwei oder drei Typen; die Handfläche kann breit und eckig sein, während die Finger spitz oder philosophisch sind; manchmal finden wir eine breite Handfläche mit Fingern, deren zweites Glied philosophisch und deren Fingerspitze spatelförmig oder spitz sind. Wenn man das im Auge behält, so ist es leichter, sich eine genaue Ansicht über den Charakter des Menschen zu bilden und gewisse Punkte in der Veranlagung klarzulegen, die sonst verborgen oder unerklärt bleiben müssten.

III. Kapitel: Die Daumen: Ihre Unterschiede und Eigentümlichkeiten

Bei der Beurteilung des Charakters ist der Daumen für die Hand fast von derselben Wichtigkeit wie die Nase für das Gesicht (Tafel III). Er drückt besonders die Stärke oder Schwäche des natürlichen Willens aus und ist eines der bezeichnendsten Merkmale des Charakters. Der Daumen hat auch bei verschiedenen Kulturvölkern der Welt eine hervorragende Rolle gespielt, wie manche profanen und religiösen Gebräuche beweisen, die sich bis in unsere Zeit erhalten haben.[12]

Fig. 1. Der Klump-Daumen.

Fig. 3. Der geschmeidige Daumen.

Fig. 2. Der steife Daumen.

Fig. 4.

Fig. 5.

Fig. 6.

Vom wissenschaftlichen Standpunkt aus betrachtet trägt der Daumen allein viel dazu bei, die merkwürdige Nervenverbindung zwischen dem Gehirn und der Hand zu beweisen. Es ist eine den Nervenspezialisten wohl bekannte Tatsache, dass ein sogenanntes „Daumenzentrum“ im Gehirn besteht und dass ein übermäßiger Druck auf diesen Teil des Gehirns eine gewisse Art von Lähmung hervorbringt; es findet sich ferner eine gewisse Eigentümlichkeit im Wuchs des Daumennagelgliedes, welche die Krankheit anzeigt, jahrelang, ehe diese in einem anderen Teil des Körpers zum Ausdruck kommt. Und trotz dieser längst bewiesenen Tatsache gibt es Hunderte von Medizinern, die ein vernünftiges und wissenschaftliches Studium der Hand verlachen zu müssen glauben, aus Angst, es könnte sie an die Grenze der viel geschmähten Handwahrsagerei bringen.

Im Laufe der Jahrhunderte wird auch der ärztliche Beruf weitherziger. Das immer stärker werdende Licht der Erkenntnis hat mit vielen alten Vorurteilen

---

12 *In dem Buch „Language of the Hand“ habe ich verschiedene interessante Beziehungen zwischen Daumen und Sitte, Religion usw. ausführlich besprochen.*

aufgeräumt. Der Hypnotismus, der vor fünfzig Jahren für noch alberner als die Chiromantie erklärt wurde, wird heute auf den Hochschulen gelehrt und anerkannt. Ähnlich ist es mit dem Studium der Hand. Es ist erwiesen, dass bei gewissen Formen der Hand gewisse Krankheiten auftreten. Die Nägel werden studiert; und schon im Herbst 1895 hatte ich in Boston die Ehre, in meinen Vorlesungen fünf tonangebende Ärzte jener Stadt als Hörer zu sehen.

Die zwei verschiedenen Arten der Daumen

Die Daumen lassen sich in zwei Klassen einteilen, in solche mit festen und solche mit geschmeidigen Gelenken. Man darf dabei nicht vergessen, dass die im Daumen ausgedrückte Stärke oder Schwäche des Willens durch die Kopflinie eingeschränkt werden kann, welche die Entwicklung oder Nichtentwicklung des Menschen anzeigt. Die einfachste Regel ist die, dass die Gestalt der Hand und der Finger die ererbte Anlage verrät, während die Entwicklung der Linien zeigt, was Umgebung, Erziehung und eigene Anstrengung daraus gemacht haben. So sagt uns der Daumen des Kindes, ob sein Temperament mehr vom Vater oder von der Mutter stammt. Obgleich andere Charakterunterschiede in der späteren Entwicklung Änderungen bewirken können, so wird man doch finden, dass, wenn z. B. der Daumen des Kindes geschmeidig ist wie der des Vaters, der natürliche Wille des Kindes dem natürlichen ererbten Willen des Vaters ähnlich ist.

Man beachte folgende Regeln: Der steife Daumen (Tafel III, Figur 2) zeigt einen hartnäckigeren Willen als die biegsame geschmeidigere Art; es scheint, als wären ihre Besitzer mehr zum Widerstand geeignet, und wenn man ihr Schicksal eingehend verfolgt, so wird man finden, dass sie im Leben mehr zu überwinden und zu bekämpfen haben als Menschen mit der anderen Art. Wenn der steife Daumen im Nagelglied breit und voll ist, so ist der Charakter mehr eigensinnig als zielbewusst.

Der geschmeidige Daumen weist dagegen auf eine nachgiebige Natur hin, die sich leicht dem Einfluss der Umgebung beugt, ausgenommen, wenn die Kopflinie ungewöhnlich gerade ist. In diesem Fall besitzt der Mensch Entschlossenheit und einen gut entwickelten Willen, wodurch die ererbte Nachgiebigkeit so ziemlich ausgeglichen wird. Doch ist dieser Charakterzug der Anpassungsfähigkeit selten mit solcher Willensstärke verbunden, wie sie dem festen Daumen angehört. Es macht übrigens einen ungeheuren Unterschied, ob das Nagelglied oder das zweite Glied der geschmeidige Teil ist. Im ersten Fall passt sich das Wesen leicht den Menschen und der Umgebung an; das biegsame zweite Glied bedeutet ein Wesen, das sich leicht den Umständen anpasst. Menschen mit dem geschmeidigen ersten Daumenglied sind in ihren Ansichten und Ideen weniger streng als solche mit dem festen Typus, dabei aber großmütig und oft verschwenderisch. Man muss sich jedoch merken, dass diese Freigebigkeit mitunter gerade aus jener Anpassungsfähigkeit an Menschen entspringt. Eine Person mit diesem Daumen ist leichter zu beschwindeln und ist eher bereit, das Geld auf abenteuerliche Weise hinauszuwerfen als ein Mensch mit festem Daumen. Dieser mag ebenso großmütig veranlagt sein, er wird aber in seiner Freigebigkeit praktischer zu Werke gehen; er ist schwerer zu betrügen und überhaupt in Geldsachen weniger impulsiv.

Ein weiterer wichtiger Punkt ist der Winkel, den der Daumen mit der Hand bildet. In dieser Hinsicht gibt es zwei sehr einfache Regeln, nämlich:

Je stumpfer der Winkel, desto mehr Freigebigkeit und Unabhängigkeit in Willen und Handlungen; doch darf hier nichts über das Normale hinausgehen. Wenn der Daumen wegsteht, als gehörte er nicht zur Hand, oder selbst wenn er mit der Handfläche einen rechten Winkel bildet, so ist mehr Selbständigkeit und mehr Eigensinn vorhanden, als für den Besitzer gut ist. Es ist fast unmöglich, solche Menschen zu leiten oder zu lenken; sie schaffen sich endlose Unannehmlichkeiten und sind fortwährend in einem Zustand des Aufruhrs gegen Regeln oder Gesetze.

Die entgegengesetzte Art, also ein Daumen, der mit der Hand einen spitzen Winkel bildet, bezeichnet einen schüchternen, unselbständigen Geist von übermäßiger Vorsicht.

Ich habe auch bemerkt, dass der starke feste Daumen in der Ausübung der strengeren Pflichten des Lebens seinen besten Ausdruck findet, wie in der Rechtsgelehrsamkeit, in der Wissenschaft, in kaufmännischen Betrieben; der geschmeidige Daumen bezeichnet hingegen ein Temperament, das mit Vorliebe auf künstlerischem Gebiet, besonders in der dramatischen und Vortragskunst, ein weites Feld der Betätigung findet. Das ließe sich aus der ungewöhnlichen Anpassungsfähigkeit des Temperaments erklären, vermittels welcher sich ein solcher Mensch mehr zur Darstellung von Charakteren, Gefühlen und Zuständen eignet als ein Mensch mit unnachgiebigem Daumen.

Sollte sich jedoch ein Mensch mit festem Daumen entschließen, eine bestimmte Laufbahn zu verfolgen oder irgendeine Stellung zu erlangen, so kann man mit größerer Sicherheit darauf rechnen, dass es seiner Willenskraft gelingt, das Ziel zu erreichen, das seinem Ehrgeiz vorschwebt.

Die drei Teile des Daumens

Der Daumen selbst wird in drei Teile eingeteilt, die Glieder 1. der Liebe, 2. der Logik, 3. des Willens. Das erste, das Glied der Liebe (Venuserhöhung, Titelblatt) ist jener Teil des Daumens, auf dem die Venuserhöhung liegt.

Wenn dieses Glied lang ist, so bezeichnet es Stärke und Kraft der Liebesgefühle, wenn aber Venus hoch oder sehr stark entwickelt ist, so verleiht sie der Natur Sinnlichkeit; ist sie dick, kurz und voll, so ist der Mensch das Opfer seiner Leidenschaften und Gefühlsaufwallungen.
Das zweite und dritte Glied (Titelblatt) sollen von ziemlich gleicher Länge sein; ist Nummer zwei, das Glied der Logik, außergewöhnlich lang, so überwältigen Logik und Verstand die Willenskraft und es ergibt sich Unentschlossenheit in der Ausführung der Pläne, Unsicherheit der Handlungen und äußerste Bedächtigkeit.
Anderseits sollte Nummer drei, das Glied des Willens, nicht so lang sein, dass es das zweite Glied erdrückt. Das würde einen unvernünftigen Willen bezeichnen, eine Natur, die sich in stetem Widerspruch und Streit mit anderen befindet.
Das dritte Glied soll wohlgeformt und weder zu lang noch zu kurz sein; auch soll es weder zu spitz noch zu eckig auslaufen.
Die folgenden Regeln werden dem Lernenden beim Studium dieses wichtigsten Teiles der Hand behilflich sein:

1. Ein langer, wohlproportionierter Daumen beweist die Abstammung des betreffenden Menschen von einer langen Reihe intellektueller Ahnen.
2. Ein kurzer, dicker, tierisch aussehender Daumen beweist das Gegenteil (Tafel III, Figur 6).
3. Ein sehr spitzer Daumen zeigt einen wandelbaren, heftigen und schwankenden Willen an (Tafel III, Figur 4).
4. Ein eckiger Daumen mit einem dicken Ende verrät einen eigensinnigen, widerspenstigen Menschen (Tafel III, Figur 5).
5. Ein Daumen mit einem der Mitte zu dünner werdenden zweiten Glied spricht von Mangel an Logik (Tafel III, Figur 4).
6. Das zweite Glied dick und plump am Gelenk zeigt Mangel an Takt (Tafel III, Figur 5).
7. Das dritte Glied ungewöhnlich dünn zeigt Mangel an Willenskraft.
8. Das dritte Glied ungewöhnlich dick, verrät einen brutal anmaßenden Willen, einen eigensinnigen und händelsüchtigen Menschen (Tafel III, Figur 6).

Das dritte Glied mit dem so genannten Klumpdaumen[13] (Tafel III, Figur 1) ist das Zeichen einer unlenkbaren Gemütsart, einer brutalen, streitsüchtigen

---

13 *Wenn man bedenkt, dass es im Gehirn ein ausgesprochenes Daumenzentrum gibt, wie ich am Anfang dieses Kapitels erwähnt habe, und dass Nervenärzte aus Zuckungen und Eigentümlichkeiten in der Form des Daumens wohl erkennen können, wenn ein Druck auf diesen Teil des Gehirns Lähmung androht, so ist es nicht unlogisch, wenn man annimmt, dass der eigentümliche Wuchs, den man Klumpdaumen nennt, das sichtbare Zeichen eines solchen Druckes ist, der anstatt einer Lähmung des Körpers jene ungezügelte Heftigkeit der Leiden-*

Natur, einer unvernünftigen Handlungsweise, einer blinden, unbeherrschten, durch den leisesten Widerstand geweckten Wut.
Ein solcher Daumen ist häufig bei Menschen zu finden, die in einer Zornesaufwallung einen Mord begehen, und auch bei solchen, die alle Selbstbeherrschung verloren haben; eine Begleiterscheinung ist gewöhnlich das Verlangen nach allerlei Reizmitteln.

---

schaften erzeugt, die selbst eine Krankheit, oder wie die Ärzte es zu nennen pflegen, Mangel an seelischem Gleichgewicht ist.

IV. Kapitel: Die verschiedenen Formen der Finger und ihre Bedeutung

Die alten Hindus hegten den poetischen Gedanken, dass „die Götter in den Fingerspitzen wohnen". Lange vor der modernen Idee des „Händeauflegens" und der „Beruhigung durch die Hände" hatte der elektrische Magnetismus der Finger in den religiösen Bildern und Statuen der Hindus Ausdruck gefunden. Unsre wundervolle moderne Zivilisation hat fast 1.900 Jahre gebraucht, um die Wahrheit der Lehren der Vergangenheit zu beweisen. Von den vielen anscheinend schattenhaften Ideen hebt sich am Klarsten die seltsame Wahrheit von der Kraft der Finger ab, der die alten Hindus in dem poetischen Spruch Stimme verliehen, wonach die Fingerspitzen der Sitz der Gottheit sind.

In den Statuen und Bildern dieses wunderbaren Volkes hatte die Stellung der Hände und besonders der Finger in jedem Fall eine eigene Bedeutung.

Die stummen geschnitzten Bilder des Gottes, des Götzen oder Dämons standen da, je nachdem mit sichtbaren oder verborgenen Daumen, mit erhobenen oder gesenkten Fingern, und hielten eine wortlose, aber durch die Stellung der Hände beredte Rücksprache mit einer höheren Macht, an die sie selbst in Stein sich noch wandten.

Die moderne Wissenschaft hat bewiesen, dass die Fingerspitzen die Enden der vom Gehirn kommenden Nervenstränge enthalten. Der passive oder aktive Geist steht deshalb in unmittelbarer Verbindung mit den Fingerspitzen, und da wir alle gewisse uns innewohnende Eigenschaften besitzen, göttliche oder dämonische Eigenschaften, so folgt daraus, dass jene alte Rasse in ihrer bildlichen und dichterischen Ausdrucksweise nicht so weit von den Tatsachen entfernt war, als viele unserer modernen Weisen uns haben glauben machen wollen.

Man begreift leicht die Wichtigkeit dieser Idee, wenn man bedenkt, dass jeder Finger bis zu einem gewissen Grad eine deutliche Eigenart besitzt, die genau beachtet werden sollte, wenn man diesen Gegenstand gründlich und wissenschaftlich behandeln will.

Wenn die Hand geöffnet wird und ihre natürliche Lage annimmt, so kommt es vor, dass der Zeige- oder der Gold-[14] oder selbst der kleine Finger eine so charakteristische Lage bekommt, dass man sie nicht übersehen kann.

---

[14] Heute ist statt „Goldfinger" der Begriff „Ringfinger" üblich. (rs)

Diesem Punkt schenkten die Griechen die größte Aufmerksamkeit; sie gaben daher jedem Finger seinen besonderen Namen, der die Eigenschaften verschiedener Götter in ihrer Mythologie ausdrückte (siehe Karte der Hand, Tafel IV.).

Der Zeigefinger heißt der Finger des Jupiter.
Der Mittelfinger heißt der Finger des Saturn.
Der Goldfinger heißt der Finger der Sonne oder des Apollo.
Der kleine Finger heißt der Finger des Merkur.

Das Studium der griechischen Götterlehre zeigt, dass die Götter der Griechen lauter Verkörperungen des menschlichen Ehrgeizes, der menschlichen Leidenschaften, Tugenden und Laster waren. Wenn man der Hand ihre natürliche Lage gibt (mit der Handfläche nach oben), so wird man finden; dass der Finger, der die Hand zu beherrschen scheint, den Grundton des ganzen Charakters angibt.
Folgende Tabelle zeigt die von den einzelnen Fingern angedeuteten Eigenschaften, die natürlich durch die in den Fingern selbst ausgedrückte Kraft etwas verändert werden können.

Der Finger Jupiters

Lang	*Übermäßig lang*
Machtliebe.	Tyrannei.
Gewalt über andere.	Unmäßige Selbstsucht .
Herrschvermögen.	
Kurz	*Krumm*
Friedliches Gemüt.	Mangel an Gewissenhaftigkeit in Herrschaft und Ehrgeiz.
Unlust für verantwortungsvolle Aufgaben.	

Der Finger Saturns

Lang	*Übermäßig lang*
Klugheit.	Krankhafte Triebe.
Hang zur Einsamkeit.	
Kurz	*Krumm*
Leichtsinn (besonders wenn spitzig).	Krankhafte Empfindlichkeit.

Der Finger der Sonne

Lang	*Übermäßig lang*
Liebe zur Kunst.	Spekulationslust.
Der Wunsch berühmt zu sein.	Verlangen nach Berühmtheit um jeden Preis.
Kurz	*Krumm*
Abneigung gegen öffentliches Auftreten.	Mangel an Grundsätzen in der Jagd nach Ruhm.
Wenig Kunstliebe.	

Der Finger Merkurs

Lang	*Übermäßig lang*
Geisteskraft.	Außergewöhnliche Diplomatie.
Einfluss auf andere Menschen.	Neigung, die Handlungsweise durch betrügerische Sprache zu decken.
Leichtigkeit des Ausdrucks, besonders im Sprechen.	
Kurz	*Krumm*
Langsames Erfassen neuer Ideen.	Mangel an Ausdrucksvermögen.
Entmutigung durch Kleinigkeiten.	Wandelbarkeit und Unzuverlässigkeit.

Die Finger sollen im Verhältnis zur Handfläche lang sein. Die Länge oder Kürze der Finger stellt den Unterschied zwischen Idee und Materie dar. Atheisten haben gewöhnlich eine große Handfläche und kurze Finger. Leute mit langen Fingern nehmen neue Ideen lebhaft auf; sehr lange Hände und Finger gehören meist einem außerordentlich träumerischen und phantastischen Menschen an.

Lange Finger geben Genauigkeit in kleinen Dingen, aber obwohl solche Menschen analysieren, so sind sie doch oft nichts weniger als logisch. Rechtsgelehrte z. B. haben kurze Finger und eine breite Hand. Lange Finger kümmern und grämen sich über Kleinigkeiten viel mehr als kurze Finger; sie sind oft zur Neugierde geneigt und können nicht ruhen, wenn sie glauben, dass man ihnen nur „die halbe Wahrheit“ gesagt hat.

Kurze Finger dagegen nehmen die Dinge mehr im Ganzen; sie sind auch mehr impulsiv, lebhaft in Gedanken und Handlungen, und wenn die Finger breit und eckig sind, außerordentlich logisch.

Die Hände der meisten erfolgreichen Leute haben einen geradlinigen Fingeransatz. Das bedeutet ein gleichmäßiges Temperament und eine glückliche

Natur. Dieser Punkt erhält oft nicht die gebührende Aufmerksamkeit, aber ich habe ihn immer von größter Bedeutung gefunden.
Ferner ist der Umstand wichtig, ob die Finger sozusagen in die Handfläche hineingesunken sind.
Wenn z. B. Jupiter die gerade Linie unterbricht und einen tiefen Ansatz hat, so verringert das die Gewalt über andre; das kommt oft bei Naturen vor, die mit Fremden und in Gesellschaft linkisch und steif und im Umgang mit den Menschen äußerst empfindlich sind. Jupiter mit einem hohen Ansatz würde das Gegenteil bedeuten.
Saturn ist selten unregelmäßig. Beginnt der Finger der Sonne tief in der Handfläche, so wird der Mensch die Anerkennung der Welt nur schwer erringen.
Der Finger Merkurs, wenn tief gestellt, wird dem Menschen in Geschäfts- und Geldsachen hinderlich sein. Seine Natur wird ihm nicht erlauben, die Leute für persönliche Zwecke zu benützen; er wird im Gegenteil leicht zu betrügen und in Geldangelegenheiten leicht zu beeinflussen sein.

Das Hinneigen der Finger zueinander

Wenn sich die Finger alle gegen den ersten hinlehnen, sobald die Hand offen daliegt, so zeigt das einen ehrgeizigen Geist, Selbständigkeit des Charakters und eine streitlustige Natur, die gern ihren Weg vorwärts kämpft.
Wenn sich Jupiter zu Saturn wendet, so bezeichnet es das Gegenteil und gibt dem Gemüt eine gewisse Melancholie.
Wenn sich alle Finger gegen Saturn hinneigen, so darf man größte Traurigkeit und Schwermut erwarten und auch eine krankhafte Sucht, sich von anderen zu unterscheiden.
Saturn gegen Jupiter gibt krankhaften Ehrgeiz.
Saturn gegen die Sonne verleiht der Natur große Widersprüche; die Persönlichkeit wird von ihren Stimmungen beherrscht: einen Augenblick lebhaft und vergnügt, den nächsten niedergeschlagen.
Wenn der Finger der Sonne sich an Saturn lehnt, so bedeutet es krankhafte Ruhmsucht.
Lehnt sich der Finger der Sonne an Merkur, so gibt es eine Verbindung von Kunst und Geschäftssinn, wobei gewöhnlich der künstlerische Sinn dem Geld geopfert wird, während im umgekehrten Fall (Merkur gegen die Sonne) Geldrücksichten hintangesetzt und die praktischen Fähigkeiten, die gewöhnlich mit Geschäft oder Wissenschaft verbunden sind, in den Dienst der Kunst gestellt werden. Eine Hand hingegen, bei der alle Finger wohl entwickelt und gerade sind, ist mächtiger und erfolgreicher als irgendeine dieser Verbindungen.

Wenn der Zeigefinger ganz allein und nach außen steht, so bezeichnet es eine besonders ehrgeizige und herrschsüchtige Natur.

Der Zwischenraum zwischen den Fingern

Ein weiter Zwischenraum zwischen dem Daumen und dem Zeigefinger bezeichnet eine großmütige Natur, Weitherzigkeit und Selbständigkeit des Willens.
Zwischen Jupiter und Saturn – Selbständigkeit der Gedanken.
Zwischen Saturn und der Sonne – Selbständigkeit der Lebensverhältnisse.
Zwischen der Sonne und Merkur – Selbständigkeit der Handlungen.
Wenn die Finger lose, geschmeidig und wie abgetrennt erscheinen, so ist große Abneigung gegen Zwang und Konvention vorhanden.
Wenn sie im Gegenteil wie zusammengebunden erscheinen, so ergibt sich Konventionalität, ängstliche Beobachtung der überkommenen Gebräuche und Furcht vor dem, „was die Leute sagen könnten". Finger mit geschmeidigen Gliedern, die sich nach rückwärts biegen, kennzeichnen Geschwindigkeit des Geistes, großes Auffassungsvermögen den Tatsachen und Menschen gegenüber, Anpassungsfähigkeit, aber auch mehr oder weniger Neugierde.
Steife, nach innen gekrümmte Finger zeigen Langsamkeit des Geistes; solche Leute erfassen Ideen nicht leicht und sind gewöhnlich selbstgenügsam, schüchtern und einigermaßen eigennützig.

Die Glieder der Finger

Die drei Glieder der Finger stellen die drei großen Gedankenreiche dar: Idealität, Verstand und Materialismus.
Das erste oder Nagelglied gibt, wenn lang, idealen Sinn,
das lange zweite Glied Verstand,
das lange dritte Glied Liebe zu materiellen Dingen.
Ist das dritte Glied voll und dick, so bezeichnet es Vorliebe für die Freuden der Tafel, für Luxus und Bequemlichkeit. Ist dagegen dieses Glied klein oder am Ansatz dünn, so steht der Mensch den materiellen Genüssen gleichgültig gegenüber; er entbehrt den Luxus leicht und scheint ihn nicht zu vermissen.

V. Kapitel: Die Nägel

Eines der interessantesten Kapitel im Studium der Hand ist das der Nägel. Über diese Seite des Gegenstandes allein könnte man Bände schreiben; denn die Nägel verraten nicht bloß das Temperament, sondern sie sind auch merkwürdig sichere Führer in bezug auf die ererbten Krankheitskeime.

In London, Paris und Amerika haben sich die Ärzte in jüngster Zeit dem Studium der Nägel mit großem Interesse gewidmet; während meines Aufenthaltes in Boston im Jahre 1895 besuchten fünf der bekanntesten Ärzte jener Stadt meine Kurse, und ich habe von ihnen hervorragende Zeugnisse über den praktischen Wert der Nägelforschung erhalten. In diesem Buch kann ich Raummangels halber nur die Hauptpunkte ganz kurz anführen.

Man teilt die Nägel in vier deutlich unterschiedene Klassen ein, nämlich lange, kurze, breite und schmale.

Lange Nägel

Lange Nägel finden sich selten bei großer Körperkraft; Brust und Lunge sind schwach; die von dieser Seite drohende Gefahr wird noch vergrößert, wenn die Nägel, sowohl der Länge als auch der Breite nach, sehr gekrümmt sind.

Lunge und Brust sind noch mehr angegriffen, wenn diese außergewöhnlich langen Nägel tief gerieft und gerippt sind.

Sogar wenn diese Menschen nicht selbst lungen- oder brustleidend sind, so stellt sich doch bei näherer Nachforschung gewöhnlich die Tatsache heraus, dass eine Neigung dazu in der Familie besteht; wie kräftig solche Menschen auch aussehen mögen, so sollten sie doch zu umfassenden Vorsichtsmaßregeln gegen Lungenentzündungen oder Erkältungen veranlasst werden.

Derselbe Nageltypus, aber kürzer und breiter, bezeichnet Neigung zu Halsleiden, wie Kehlkopfentzündung, Asthma, Schnupfen und Bronchialkatarrh (Tafel V).

Lange, nach oben breite und nach unten bläuliche Nägel verraten schlechten Blutumlauf und schwache Herztätigkeit. Nägel ohne Halbmond, seien sie nun lang oder kurz, bedeuten Herzschwäche und künden lange voraus eine Neigung zu Herzschlag an. Dagegen ist ein ungewöhnlich großer Halbmond ein Zeichen übermäßiger Zirkulation, rascher Herztätigkeit usw.; in einem solchen Fall sollte man vor Aufregung und allen Reizmitteln warnen, da der Organismus auf zweierlei Weise bedroht sein kann:

1. Durch ein Versagen der Herzklappen,
2. Durch Blutandrang zum Kopf und Neigung zu Schlagflüssen.

Welche von diesen zwei Krankheiten die Oberhand behalten wird, ist aus der Kopflinie zu ersehen: wenn sie auf den Mars hinüberläuft (a-a, Tafel VI), so

wird der Kopf in Mitleidenschaft gezogen werden, und das um so sicherer, wenn die Kopflinie Inseln aufweist (a-a, Tafel VII).
Ist dagegen die Gesundheitslinie stark betont und geht sie von der Herzenslinie in die Lebenslinie (b-b, Tafel VI), dann ist Herzkrankheit die Hauptgefahr und ein Herzklappenfehler wird die Folge sein, wenn nicht umfassende Vorsichtsmaßregeln angewendet werden.

Kurze Nägel

Kurze Nägel (Tafel V) ohne Halbmond kommen in ganzen Familien vor, wo schlechter Blutumlauf und schwache Herztätigkeit besteht. Die schlimmste Art ist die, welche dünn und flach im Ansatz und ohne Halbmond ist. Kurze, sehr flache und ins Fleisch gesunkene Nägel zeigen Nervenkrankheiten und eine Neigung zu Schlagflüssen an. Sehr flache, kurze, muschelförmige Nägel, die sich an den Rändern heben oder nach auswärts biegen, sind sichere Vorboten von Lähmung, besonders wenn der Nagelansatz eine bläuliche Farbe hat.
Menschen mit kurzen Nägeln sind Krankheiten des Herzens und des Unterleibes unterworfen. Personen mit langen Nägeln sind dagegen mehr zu Krankheiten im oberen Teil des Körpers geneigt, also zu Lungen-, Brust-, Hals- und Kopfleiden. Lange schmale Nägel verraten Schwäche des Rückens, und wenn sie schmal, hoch und sehr gekrümmt sind, Rückenmarksleiden (Tafel V). Dünne, sehr kleine Nägel bedeuten zarte Gesundheit und Mangel an Lebenskraft.
Weiße Punkte an den Nägeln zeigen ein überanstrengtes Nervensystem; an dünnen Händen mit schwachen Linien sind sie gewöhnlich die Vorläufer eines Zusammenbruchs der Nerven.
Wenn die Nägel gerippt sind, so ist der ganze Körper in einer schlechten Verfassung; sind die gerippten Nägel von Runzeln durchquert, so ist das Wachstum der Nägel selbst aufgehalten worden, ein Zeichen allgemeiner Schwäche.

Die Veranlagung des Menschen, nach den Nägeln beurteilt

Lange Nägel

Menschen mit langen Nägeln besitzen ein weniger kritisches Temperament als solche mit kurzen Nägeln. Sie sind auch empfänglicher für Eindrücke und sanfteren Gemüts. In der Regel nehmen ihre Besitzer die Dinge leichter, aber sie leben auch gern in einer Traumwelt; sie wollen den Tatsachen nicht ins Auge sehen, besonders wenn diese Tatsachen ihren Ideen und Wünschen zuwiderstreben.

Kurze Nägel

Im Gegensatz dazu sind Leute mit kurzen Nägeln äußerst kritisch, sogar in bezug auf sich selbst; sie sind skeptisch; sie analysieren Gedanken und Handlungen; sie haben mehr Logik, Vernunft und praktische Geschicklichkeit als Menschen mit langen Nägeln.

Wenn die Nägel breiter sind als lang, so zeigen sie ein streitsüchtiges Temperament an; diese Menschen disputieren und opponieren gern; sie könnten fast jede Seite einer Streitfrage zu ihrer eigenen machen und sind außerordentlich eigensinnig und schwer zu überzeugen.

Nägel, die durch gewohnheitsmäßiges Abbeißen kurz sind, weisen auf ein nervöses hochgespanntes Temperament hin; in solchen Fällen ist das Nervensystem mehr oder weniger geschwächt.

Weiße Punkte an den Nägeln beweisen, dass die Nerven unter Überanstrengung oder Sorgen gelitten haben. Die Punkte erscheinen jedoch erst nach der Anstrengung oder der Krankheit. Man findet sie oft in Fällen, wo die Nervenkraft eines Menschen plötzlich sehr in Anspruch genommen worden ist, z. B. bei öffentlichem Auftreten, bei Übernahme einer verantwortlichen Stellung oder bei großer andauernder Angst. Alle übermäßigen Anforderungen an die Nervenkraft veranlassen bei gewissen Naturen das Auftreten dieser Flecken.[15]

Wenn die Nägel ganz damit bedeckt sind, so ist das ein Zeichen, dass das Nervensystem erschöpft ist, gewöhnlich durch Kummer und Sorgen.

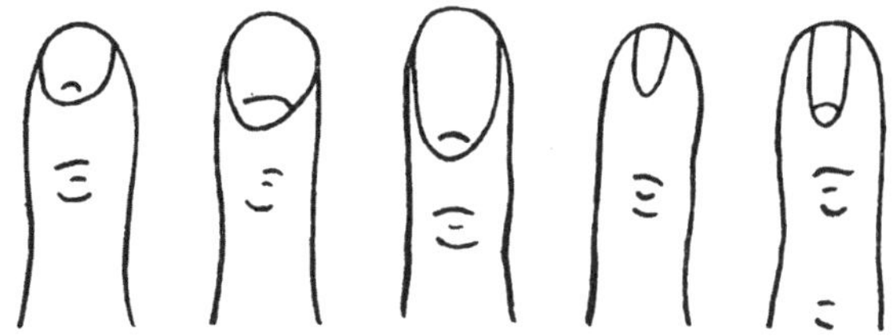

Empfindlichkeit des Halses. — Empfindlichkeit der Brust. — Empfindlichkeit der Lunge. — Schwäche im Rücken. — Schwäche im Rücken.

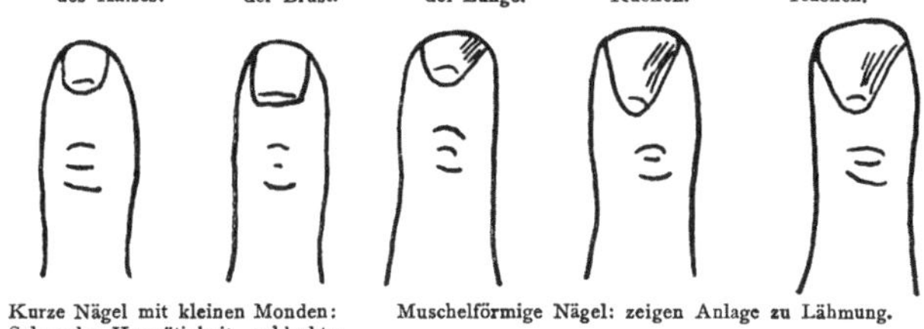

Kurze Nägel mit kleinen Monden: Schwache Herztätigkeit, schlechte Blutzirkulation, usw. — Muschelförmige Nägel: zeigen Anlage zu Lähmung.

[15] *Dem alten Aberglauben, dass weiße oder schwarze Punkte an den Nägeln eine andere als die oben erwähnte gesundheitliche Bedeutung haben, schenke ich keine Beachtung.*

VI. Kapitel: Die Erhöhungen der Hand und ihre Bedeutung

Im meinem System der Chironomie bringe ich die Erhöhungen ganz unabhängig von den Linien. Die Erhöhungen bezeichnen die ererbten Eigenschaften, wie die Form der Hände die Eigentümlichkeiten der Rasse usw. zeigt. Ich möchte gleichzeitig darauf aufmerksam machen, dass körperliche Arbeit diese Polster weder vertieft noch erhöht; obgleich die Arbeit sie mit einer dickeren Außenschicht bedeckt, so bleibt sich doch die natürliche Lage und Form gleich.
In diesem Zusammenhang möchte ich auch bemerken, dass die alten Namen, wie Venus, Marserhöhung, usw. von mir durchaus in keinem abergläubischen Sinn gebraucht werden. Sogar die Griechen, die den verschiedenen Teilen der Hand solche Namen gaben, taten das nur, um mit einer Art geistiger Stenographie die Eigenschaften durch einen Namen auszudrücken. Man hat z. B. beobachtet, dass manche Menschen sog. Venuseigenschaften haben, nämlich das Verlangen nach Liebe, nach Bewunderung usw., und das tritt am stärksten in jenen Menschen zutage, bei denen das Polster am Daumenansatz hoch und voll ist; darum wurde es im Laufe der Zeit unter dem Namen der Venuserhöhung bekannt. Ähnlich verhält es sich mit jeder anderen Erhöhung. Der Name wurde zur Bezeichnung charakteristischer Eigenschaften gewählt. Wenn man sich diese Tatsache vor Augen hält, so nimmt dieses Studium sogleich einen logischeren und wissenschaftlicheren Charakter an; es scheint besser geeignet für die ernste Menschenforschung, zu der die viel geschmähte Chironomie einen lang verlorenen Schlüssel bildet.

Die Venuserhöhung

Die Venuserhöhung (Titelblatt) ist der mehr oder weniger entwickelte Ballen am Ansatz des Daumens. Er bedeckt eines der größten und wichtigsten Blutgefäße der Hand. Schon von diesem Standpunkt aus betrachtet, ist es begreiflich, dass ein ergiebiger Blutumlauf durch diese Ader stattfindet, wenn die Erhöhung groß ist; folglich dürfen wir eine rüstigere Gesundheit erwarten und demgemäß eine leidenschaftlichere Natur, mit allen jenen Eigenschaften, die der Venus, jener viel geschmähten Göttin der Schönheit und Liebe, zugeschrieben werden. Wenn diese Erhöhung nicht ungewöhnlich groß ist, so ist sie ein sehr günstiges Zeichen. Sie gibt eine warme, mitfühlende und liebenswürdige Natur, das Verlangen zu gefallen, bewundert, geliebt zu werden. Den Menschen, bei denen dieses Polster gut entwickelt ist, ist ein besonderes Verlangen nach Luxus eigen. Sie haben guten Geschmack in Farbe, Musik

und Kunst. Sie sind empfänglich für die Eindrücke aus ihrer Umgebung; sie sind warmherzig, freigebig und in der Regel impulsiv.
Wie überall, so ist auch hier ein Übermaß verderblich. In beiden Geschlechtern ist dann das Verlangen nach Bewunderung der schwache Punkt; damit ist meist ein sinnliches Temperament verbunden. Die Begierde nach Luxus ist übertrieben; und so wird auch jede andere sonst glückbringende Eigenschaft beim normal Veranlagten in gleichem Maße verderblich wie sie sonst günstig wäre.

Die Jupitererhöhung

Die Erhöhung dieses Namens befindet sich an der Basis des Zeigefingers (Titelblatt). Wenn gut entwickelt, bedeutet sie Ehrgeiz, Stolz, Begeisterungsfähigkeit zu allem Beginnen, ein Verlangen nach Macht und gewöhnlich den Wunsch, andere zu beherrschen, feste Grundsätze, Ehrgefühl und Gerechtigkeitsliebe; im Übermaß vermessenen Ehrgeiz, Eigenliebe, tierische Herrschbegierde - einen Diktator in jedem Sinn des Wortes.

Die Saturnerhöhung

Sie befindet sich am Ansatz des Mittelfingers (Titelblatt). Sie bezeichnet Hang zur Einsamkeit, Ruhe, Klugheit, Arbeitseifer, Neigung zur Beschäftigung mit düsteren Dingen, wie z. B. mit psychologischen Fragen und okkulter Philosophie und in der Regel eine Vorliebe für kirchliche und klassische Musik. Im Übermaß bedeutet sie große Melancholie, Empfindlichkeit, Niedergeschlagenheit und krankhafte Schwermut.

Die Sonnenerhöhung

Diese Erhöhung befindet sich am Ansatz des Goldfingers (Titelblatt). Sie heißt auch Erhöhung des Apollo. Wenn gut entwickelt, so bezeichnet sie Liebe zum Schönen, gleichviel ob eine künstlerische Laufbahn eingeschlagen wird oder nicht. Sie verleiht Liebe zur Malerei, Dichtkunst, Literatur, Bildhauerei und zu jedem phantasievollen Werk, das durch den Geist zu den Gefühlen spricht.
Im Übermaß bedeutet sie, wie schon der Name anzudeuten scheint, Ruhmsucht und Begierde nach Ansehen und öffentlichem Gepränge.

Die Merkurerhöhung

Die Merkurerhöhung (Titelblatt) hat eine eigentümliche Bedeutung. Wie der Planet Merkur in der Astrologie, kann sie zum Guten oder zum Schlimmen neigen; an einer schlechten Hand macht diese Erhöhung das Übel schlimmer; an einer guten Hand ist sie besonders günstig. Sie zeigt alle merkurischen Eigenschaften des Lebens an Verlangen nach Abwechslung, Reisen und

Zerstreuung, Witz, geistige Regsamkeit und Ausdrucksfähigkeit. Mit einer geraden Kopflinie weissagt sie Erfolg in Wissenschaft oder Geschäft.

Anmerkung

Ist der zu einer Erhöhung gehörige Finger sehr lang, so verrät das ähnliche Eigenschaften wie die, welche der gut entwickelte Ballen selbst verkündet.
Ist z. B. der Zeigefinger lang, so ergibt sich ein Wunsch zu herrschen, zu befehlen, hervorzuragen. Menschen mit einem kurzen Zeigefinger haben einen Widerwillen gegen Verantwortlichkeit in Amt oder Stellung.

Die Marserhöhung

Es gibt deren zwei; die erste liegt unterhalb des Zeigefingers, aber innerhalb der Lebenslinie und oberhalb der Venus (Titelblatt). Sie verleiht aktiven Wut, Geistesgegenwart in Gefahren und Lust am kriegerischen Leben. Im Übermaß bezeichnet sie einen streitsüchtigen und kampflustigen Geist.
Die zweite Marserhöhung befindet sich zwischen Merkur und Luna (Titelblatt). Sie bedeutet passiven Mut, Selbstbeherrschung, Ergebung, also moralischen Mut im Gegensatz zum physischen, der durch die erste Marserhöhung dargestellt wird.

Die Lunaerhöhung

Dieser Ballen liegt seitlich an der Hand, unterhalb des zweiten Mars und der Venus gerade gegenüber (Titelblatt). Er bedeutet Lauterkeit des Gedankens, Phantasie, Liebe zur Schönheit, und zwar mehr zur schönen Natur als zu schönen Menschen, romantischen und Natursinn, Liebe zum Idealen und zur Literatur, gewöhnlich zur Dichtkunst. Im Übermaß ist es eines der gefährlichsten Zeichen; die Einbildungskraft wird zu üppig, die Menschen werden, verträumte Idealisten, Kinder der Theorien und Anbeter von Ideen; die Romantik wird von eitlen Gefühlen überwuchert, so dass diese Erhöhung im Übermaß gefährlicher ist als andre, wenn nicht die Kopflinie ausnehmend gut ist. Sind Luna und Venus nahe beisammen und groß, so sind sie in der Regel mit einer sinnlichen Natur verbunden, wo die Sinne und die Leidenschaften sozusagen Hand in Hand gehen.

Das Zueinanderneigen der Erhöhungen

Wenn sich die Polster zueinander neigen, so sind die Eigenschaften der beiden vermengt. Wenn sich z. B. Saturn zu Jupiter hinneigt, so gibt er diesem etwas von seiner Liebe zu düsteren Dingen, von seiner Klugheit, seiner Melancholie und seiner Vorliebe für das Religiöse; der Ehrgeiz Jupiters würde folglich auch die Eigenschaften Saturns beeinflussen; ebenso verhält es sich mit den anderen Erhöhungen.

VII. Kapitel

Die Handfläche; große und kleine Hände

Eine sehr dünne, harte, trockene Handfläche weist auf Schüchternheit und auf eine nervöse selbstquälerische, trübe Natur hin.
Eine große, weiche Handfläche zeigt eine phlegmatische und träge Charakteranlage an.
Eine dicke, schwerfällige, grobe und sehr weiche Hand gibt Sinnlichkeit und Mangel an Zärtlichkeit.
Eine hohle Handfläche hat sich als ein höchst ungünstiges Zeichen erwiesen. Ich habe dabei eine Eigentümlichkeit beobachtet, die noch von keinem Schriftsteller erwähnt worden ist, nämlich dass die Höhlung an verschiedenen Linien oder Teilen der Hand liegen kann; darauf beziehen sich die folgenden Regeln:
Wenn sie sich an der Lebenslinie befindet, so zeigt sie Enttäuschung und Sorgen in häuslichen Angelegenheiten an, und wenn die Hand auch im übrigen von Krankheiten spricht, so ist sie ein weiteres Zeichen von schwacher Gesundheit.
Wenn die Höhlung unter die Schicksalslinie kommt, so zeigt sie Unglück in geschäftlicher Hinsicht und in Geldangelegenheiten.
Unter der Herzenslinie spricht sie von Enttäuschung in den Gefühlen.
Eine feste elastische Handfläche ist ein Zeichen von Energie, Begeisterungsfähigkeit und tätigem Willen.
Eine weiche schlaffe Hand ist das Gegenteil. Sie verrät Trägheit, Mangel an Zielbewusstsein und eine phlegmatische Natur.

Große und kleine Hände

Es ist eine seltsame Tatsache, dass Leute mit großen Händen im allgemeinen feine Arbeiten ausführen und gern auf Einzelheiten eingehen, während Leute mit sehr kleinen Händen sich für große Entwürfe begeistern und die Einzelheiten missachten.
Kleine Hände können in der Regel gut organisieren und lassen sich oft auf Pläne ein, deren Ausführung ihre Kraft weit übersteigt; selbst die Schriftzüge kleiner Hände sind oft merkwürdig groß und kühn.

II. Teil – Chiromantie

VIII. Kapitel: Einleitende Bemerkungen über dieses Studium

Ehe wir weiterfahren, möchte ich der Aufmerksamkeit des Lernenden einige Punkte empfehlen. Vor allem möchte ich vor der gebräuchlichsten Auffassung warnen, als könnte man sich diese Wissenschaft dadurch aneignen, dass man sich einige Regeln merkt oder dass man ein Buch über diesen Gegenstand liest und es dann beiseitelegt. Im Gegenteil, wenn man sich in diesen Gegenstand überhaupt vertieft, so muss einem nicht bloß seine Wichtigkeit auffallen, sondern auch die gedankenvolle Sorgfalt, die von den indischen und griechischen Philosophen und von denen darauf verwendet worden ist, die in unseren Tagen versucht haben, ihn von den Spinnweben, dem Staub und Aberglauben früherer Jahrhunderte zu säubern.

Man weiß, wie schwer der Geist der Medizin zu fassen ist; aber noch viel schwieriger ist das Studium des Lebens selbst, mit allen Absonderlichkeiten des Geistes, des Gehirns und der Seele, ganz zu schweigen von dem Gitterwerk der Umgebung, der „Einflüsse" und der verborgenen Gesetze, die in der großen Maschinerie der Evolution und des Schicksals ihre Rolle spielen. Die erste notwendigste Vorbedingung zu diesem Studium ist gewissenhafte Arbeit, Geduld und Ausdauer, aber der Lohn, ja, der Lohn ist der Arbeit würdig. Die Hände lesen können, heißt das geheime Buch der Natur lesen, jenen Band, dessen Seiten Menschenleben bedeuten, dessen Umschläge Leben und Tod sind und dessen Schließe jener goldene Faden der Hoffnung ist, der durch alle Menschenherzen läuft.

Wer sich das vor Augen hält, der wird sich damit begnügen, langsam und sicher fortzuschreiten; er darf nicht vergessen, dass nicht zwei Hände einander gleichen, so wie nicht zwei Naturen einander gleich sind, dass er sich gefasst machen muss, wie in jedem Menschen, so auch in jeder Hand, etwas Neues zu finden. Er kann auf keinen Erfolg hoffen, wenn er enge Regeln blind gebraucht, ohne gleichzeitig scharf und klar zu denken.

Der nächste zu beachtende Punkt ist das Auseinandergehen der Ansichten, das gedankenlose Menschen oft diesem Studium zum Vorwurf machen. Wir wissen aber recht gut, dass auf allen Gebieten des Forschens ein solcher Unterschied der Meinungen besteht, ein Unterschied, der ja auch unter Ärzten und Fachgelehrten jeder Art klar zutage tritt.

Was meine eigene Arbeit angeht, so wird man finden, dass ich in vielen Fällen von anderen Schriftstellern abweiche. Der einzige Anspruch, den ich für mein System erhebe, ist der, dass es erst nach Jahren des Studiums, der Forschung und der praktischen Berufserfahrung aufgestellt worden ist, und

dass weder in diesem Buch noch in meiner „Sprache der Hand“ eine einzige Regel geschrieben steht, die sich nicht in Hunderten von Fällen bewährt hat.
Einer der Hauptunterschiede zwischen meiner Lehre und der von anderen besteht darin, dass ich die mannigfaltigen Linien unter verschiedene Rubriken bringe und jeden Punkt besonders behandle.
Ich bin überzeugt, dass dies nicht bloß einfacher und weniger irreführend, sondern auch vernunftgemäßer ist. Ich behaupte z. B., dass sich die Lebenslinie auf alles bezieht, was das Leben berührt, auf die Lebensbedingungen und Einflüsse und auf die durch natürliche und ererbte Ursachen bedingte Länge des Lebens.
Ich glaube, dass die Kopflinie alles andeutet, was sich auf den Geist bezieht. Ähnlich verhält es sich mit jeder anderen Linie, wie wir später sehen werden. Ich bin überzeugt, dass sich dieser Plan besser mit Logik und Wissenschaft verträgt als andere Systeme, die vielleicht ein gebrochenes Herz von einem Zeichen an der Kopflinie oder einen den Kopf bedrohenden Unfall an der Lebenslinie ablesen wollen. Außerdem nehme ich für mein System den Vorzug in Anspruch, dass es dem Lernenden ermöglicht, sich neue Linien zu erklären, die er vorfinden mag und die vielleicht in keinem Buch besprochen sind; mein System wird ihn befähigen, die neue Linie oder das neue Zeichen zu klassifizieren und dessen Bedeutung festzustellen.

IX. Kapitel: Die Linien der Hand

Die Hand hat sieben wichtige oder Hauptlinien und sieben Nebenlinien. Die wichtigen Linien sind die folgenden:

Die sieben Hauptlinien

Die Lebenslinie, die um die Venuserhöhung herumläuft (Tafel IV).

- Die Kopflinie, welche quer durch die Mitte der Hand geht (Tafel IV).
- Die Herzenslinie am Fingeransatz, gleichlaufend mit der Kopflinie (Tafel IV).
- Der Venusgürtel oberhalb der Herzenslinie, welcher Saturn und die Sonne umschließt (Tafel IV).
- Die Gesundheitslinie, die sich vom Merkur an der Hand herunterzieht (Tafel IV).
- Die Sonnenlinie, das ist die zum Goldfinger aufsteigende Linie (Tafel IV).
- Die Schicksalslinie, die sich durch die Mitte der Hand zur Saturnerhöhung hinzieht (Tafel IV).

Die sieben Nebenlinien

Die Marslinie, die auf dem Mars entspringt und innerhalb der Lebenslinie liegt (Tafel IV).

- Die Via Lasciva, die mit der Gesundheitslinie in ihrer schlimmsten Form parallel läuft, also auf der Venuserhöhung endet (Tafel IV).
- Die Intuitionslinie, die sich wie ein Halbkreis vom Merkur zur Luna erstreckt (Tafel IV).
- Die Heiratslinie, eine waagrechte Linie auf der Merkurerhöhung (Tafel IV).
- Die drei Armbänder am Handgelenk (Tafel IV).

Die Hauptlinien sind außerdem unter den folgenden Namen bekannt:
Die Lebenslinie heißt auch Vitallinie; die Herzenslinie Mensallinie; die Schicksalslinie Linie der Persönlichkeit oder des Saturn; die Sonnenlinie heißt auch Linie des Glanzes, Glückslinie oder Linie des Apollo; die Gesundheitslinie Hepatika oder Leberlinie.
Man beachte, dass die Hand durch die Kopflinie in zwei Teile oder Welten geteilt wird.
Der obere Teil, der die Finger und die Jupiter-, Saturn-, Sonnen-, Merkur- und Marserhöhung umfasst, stellt den Geist dar, der untere Teil mit dem Handansatz die Materie. Diese Einteilung ist bis jetzt nicht beachtet worden; sie ist aber in ihrer Genauigkeit fast unfehlbar. Bei einem Menschen mit verbrecherischer Anlage steigt z. B. die Kopflinie an der rechten Hand aufwärts und erdrückt die Herzenslinie.

X. Kapitel: Regeln in Bezug auf die Linien

Die Linien sollen klar und deutlich, weder breit noch farblos sein; sie sollen frei sein von Unterbrechungen, Inseln und Unregelmäßigkeiten jeder Art.

Blasse Linien bezeichnen zarte Gesundheit und Mangel an Willenskraft und Entschlossenheit.

Rote Linien bedeuten ein tätiges, robustes Temperament, leichten Sinn und eine hoffnungsvolle Natur.

Gelbe Linien sind ein Zeichen von Gallenleiden und weisen auf eine selbstgenügsame, zurückhaltende und stolze Natur hin, im Gegensatz zu den durch die roten Linien bezeichneten Eigenschaften.

Sehr dunkle Linien sprechen von einem melancholischen, düsteren Temperament; man findet sie gewöhnlich bei verschlossenen, rachsüchtigen, nicht leicht vergebenden Naturen.

Linien können auftauchen, an Stärke abnehmen oder auslöschen, ein Umstand, der für das Lesen der Hand sehr wichtig ist. Es ist deshalb Sache des Kundigen, vor herannahender Gefahr zu warnen, indem er auf die schlimmen Neigungen in Charakter oder Körperverfassung hinweist. Ich bin überzeugt, dass wir durch unser Temperament zum großen Teil unser Schicksal bestimmen freilich, uns selbst haben wir nicht geschaffen, und so kommen wir auf die Gesetze der Vererbung zurück, „die Sünden unserer Väter" und verschiedene andere Umstände, über die wir wenig oder gar keine Gewalt haben. Die Frage, ob Menschen sich retten oder ein drohendes Übel abwenden können, möchte ich entschieden bejahen; auch ein Ausbauen des Charakters ist möglich; aber in demselben Atem möchte ich hinzufügen, dass es selten, wenn überhaupt, je vorkommt. Menschen, die einen starken Willen ererbt haben, tun es in vielen Fällen, glaube ich; aber sie sind die Ausnahmen. Wer dieser Wissenschaft kundig ist, kann leicht sehen, ob der Mensch gewisse Übel in der Vergangenheit abgewendet hat oder nicht; und so kann er aus denselben Zeichen leicht berechnen, ob es wahrscheinlich ist, dass ein künftiges Übel verhütet wird.

Die Hauptlinien ändern sich sehr wenig, in vielen Fällen gar nicht. Sind die zwei Hände gleich geblieben, so ist nur geringe Wahrscheinlichkeit vorhanden, dass in der Zukunft eine Änderung eintreten werde, besonders wenn der Mensch das einundzwanzigste Jahr schon überschritten hat.

Ein einziges schlimmes Zeichen darf aber nie als entscheidend angesehen werden. Ist das Übel ein einschneidendes, so wird es fast jede Hauptlinie anzeigen (es muss dies logischerweise so sein), und beide Hände müssen in Betracht gezogen werden, ehe man sich ein Urteil bildet. Eine Tendenz tritt oft an der linken Hand zutage, während die Erfüllung an der rechten geschrieben steht.

Wenn eine wichtige Linie, wie die des Kopfes oder des Lebens, eine Schwesternlinie hat, d. h. eine feine, neben ihr hinlaufende Linie, so wird dadurch die Hauptlinie verstärkt, überbrückt, und die Gefahr wird verringert, wenn nicht ganz aufgehoben.

Gegabelte Hauptlinien – z. B. eine gegabelte Kopflinie – geben größere Geisteskraft, aber sie verraten auch gewissermaßen eine „doppelte Natur".

Kettenbildung ist an jeder Linie ein schlechtes Zeichen. An der Herzenslinie bedeutet sie Schwäche und Veränderlichkeit in der Zuneigung; in der Kopflinie Mangel an Beständigkeit der Ideen; an der Lebenslinie geringe Lebenskraft. Brüche bedeuten in jeder Linie Misserfolg.

Eine wellige Linie verringert die Stärke der betreffenden Linie; sie bedeutet Unbeständigkeit in Verfolgung der Ziele auf dem Gebiet, das die Linie darstellt.

Ein Netz oder eine Menge kleiner Linien, die zwecklos nach allen Richtungen laufen, verrät einen gequälten Geist, ein sehr nervöses Temperament und gewöhnlich eine trübe Natur.

(Diese Punkte werden in den folgenden von den Hauptlinien handelnden Kapiteln weiter ausgeführt.)

XI. Kapitel: Die Lebenslinie

What we know of life is but existence,
A waiting place, a haven by the sea:
A little space amid immeasured distance:
A glimpse, a vista, of that life to be.

Es ist eine unbestrittene Tatsache, dass in jedem Menschen, schon bei seiner Geburt, der Krankheitskeim lauert, der ihm eines Tages verhängnisvoll werden kann. Wenn dies der Fall ist, dann kann der Krankheitskeim dem Gehirn schon jahrelang bekannt sein, ehe er sich genügend entwickelt hat, um im Körper seine Verheerungen anzurichten; und daher kann man billig annehmen, dass er durch die Wirkung des Gehirns auf die Hand diese schon lange gezeichnet hat, ehe das Hörrohr oder andere mechanische Instrumente ihn entdecken kann.

Die große Schwierigkeit, den Leuten die Bedeutung der so genannten Lebenslinie klarzumachen, liegt darin, dass die meisten glauben, eine lange, um die Basis der Venuserhöhung herumführende Linie (Tafel IV, Titelblatt) müsse notwendig ein langes Leben bedeuten. In der Hauptsache ist dies richtig. Wenn die Linie vollkommen ist, ohne Unterbrechungen, Kreuze oder irgendwelche Unregelmäßigkeiten, so verheißt sie ein langes und gesundes Leben. Aber man findet das sehr selten, meiner Erfahrung nach in hundert Fällen nur einmal. In dieser Wissenschaft steht alles in Wechselwirkung.

Wenn man die Länge des Lebens richtig beurteilen will, ist die Beachtung der Gesundheitslinie (Tafel IV) außerordentlich wichtig. Diese Gesundheitslinie wird später eigens behandelt werden. In Verbindung mit der Lebenslinie muss man sich aber merken, dass der Tod da eintritt, wo diese zwei Linien sich treffen, vorausgesetzt, dass sie beide gleich stark sind. Sogar wenn die Gesundheitslinie irgendwo sehr tief und die Lebenslinie sehr schwach gezogen ist, oder wenn sich der tief gegrabenen Gesundheitslinie gegenüber eine Insel befindet, so tritt an dieser Stelle wahrscheinlich der Tod ein, obwohl es dem oberflächlichen Beobachter scheint, als ginge die Lebenslinie weiter wie zuvor.

Ein anderes Zeichen, das die Gesundheit und mitunter selbst das Leben bedroht, ist eine schwere Linie, die von der Saturnerhöhung sozusagen herabfällt und die Lebenslinie berührt oder scheidet (c-c; Tafel VI). Diese Linie ist in den modernen Werken über Chiromantie nie berücksichtigt worden, ob-gleich manche ältere Schriften darauf anspielen. Dieses Zeichen hat mich seit Jahren sehr interessiert und ich habe es immer besonders zuverlässig gefunden. In manchen Fällen habe ich gesehen, dass es das einzige schlimme Zeichen an

einer sonst guten Hand war und genau das Jahr einer Krankheit und sogar des Todes angab (Über Daten und Zeitbestimmung siehe Tafel IX.).
Man kann die oben erwähnten Punkte kaum genau genug beobachten, wenn man über den Zeitpunkt der Krankheit oder des Todes genaue Auskunft erlangen will. Einer der großen Vorteile dieses Studiums liegt in solchen Warnungen. Die Leute gehen erst dann zum Arzt, wenn sie krank sind. Sie hätten aber die Krankheit abwenden oder wenigstens mildern können, wenn sie gewusst hätten, was für Krankheitskeime sie ererbt haben oder für welche Krankheiten ihre Lebensführung sie besonders empfänglich macht.
Die Lebenslinie ist jene Linie, die unterhalb der Jupitererhöhung entspringt, die Hand hinunterläuft und die Venuserhöhung umschließt (Tafel IV); sie bezieht sich auf den Organismus des Menschen, auf Krankheiten und den Tod; aber auch die in anderen Linien angedeuteten Ereignisse werden oft durch sie bestätigt.
Die Lebenslinie soll lang, dünn und tief sein, ohne Unregelmäßigkeiten oder Brüche irgendwelcher Art. Eine derartige Bildung verspricht ein langes Leben, gute Gesundheit und Lebenskraft.
Wenn die Linie aus kleinen kettenähnlichen Stücken besteht (b-b, Tafel VII) oder wenn sie sich in feine Haarlinien auflöst, so ist das ein sicheres Zeichen von schwacher Gesundheit, besonders an einer weichen Hand. Von dem Zeitpunkt an, wo die Linie wieder eben und regelmäßig wird, stellen sich Gesundheit und Kraft wieder ein.
In Bezug auf Anzeichen von Krankheiten oder Tod müssen immer beide Hände zu Rate gezogen werden. Ist die Linie an der linken Hand entzweigebrochen und an der rechten ganz, so bedeutet das gewöhnlich eine gefährliche Krankheit zu der Zeit, wo die Unterbrechung stattfindet. Ist sie in beiden Händen gänzlich entzweigebrochen, so kündet sie den Tod an. Dies ist umso sicherer der Fall, wenn sich ein Zweig auf die Venuserhöhung zurückbiegt (a-a, Tafel VIII).
Wenn die Linie nicht auf der Seite der Hand, sondern auf Jupiter beginnt, so ist das Leben von Anfang an ehrgeizig. Wenn die Lebenslinie mit der Kopflinie verbunden ist, ohne mit ihr zu weit in die Handfläche hineinzulaufen, so ist es ein gutes Zeichen und beweist Vorsicht, Sorgfalt und in der Regel Zielbewusstheit; doch sind solche Leute sehr empfindlich und leiden unter Mangel an Selbstvertrauen.
Wenn diese beiden Linien sehr weit miteinander verwoben sind, so wird der Erfolg durch Überempfindlichkeit in Frage gestellt; diese Menschen werden im Kampf ums Dasein zu leicht entmutigt und erdrückt. Diesem schädlichen und unheilvollen Umstand ließe sich bedeutend abhelfen, wenn die Eltern das

früh beachteten und durch Erziehung die Natur änderten, ehe die Kleinen allein ihre Schlachten schlagen müssen.

Ein kleiner Zwischenraum zwischen diesen Hauptlinien ist ein hervorragend günstiges Zeichen; ein solcher Mensch ist freier in der Ausführung seiner Pläne, außerdem ehrgeizig und tatkräftig; er hat Selbstvertrauen und Unternehmungsgeist (b-b, Tafel VIII).

Wenn sich vom Mittelpunkt der Handfläche aus ein Zweig der Lebenslinie zum Ansatz der Lunaerhöhung hinüber erstreckt (d-d, Tafel VI), so zeigt das an einer festen Hand Freude am Wechsel, am Reisen, und die schließliche Befriedigung dieses Wunsches. An einer schlaffen, weichen Hand dagegen bedeutet es eine ruhelose, nach Aufregungen verlangende Natur. Wenn diese Linie mit einer schrägen Kopflinie auftritt, so wird die Begierde nach Aufregungen durch Reizmittel oder Unmäßigkeit irgendwelcher Art befriedigt. In diesem Fall zeigt die Schlaffheit der Hand eine bequeme Natur an, die zu träge ist, um zu reisen oder sich irgendwelcher Mühe zu unterziehen.

Viele feine Haarlinien, die von der Lebenslinie herabfallen oder ihr entlang führen, sprechen von Schwäche und Verlust der Lebenskraft während des betreffenden Zeitabschnittes. Sie dürfen nicht mit den Reiselinien verwechselt werden, die auch von der Lebenslinie ausgehen; diese Haarlinien finden sich im Gegensatz zu den Reiselinien auf der Innen- sowohl als auf der Außenseite der Lebenslinie.

Reiselinien, die gewöhnlich einen großen Wechsel des Aufenthaltsortes, Klimas oder Landes bedingen, sind dünne Linien, die von der Lebenslinie ausgehen, sich durch die Marsebene ziehen und gewöhnlich auf der Lunaerhöhung enden.

Alle Linien, die von der Lebenslinie zur Jupitererhöhung aufsteigen, sind Zeichen von großem Gewinn, von Erfolg und erhöhter Macht. Wenn eine dieser Linien weit hinaufsteigt, so wird der Mensch mächtiger und erlangt gewöhnlich eine anderen übergeordnete Stellung denn der Zeigefinger ist der Diktator oder Autoritätsfinger der Gesetzgeber der Hand (e-e, Tafel VI).

Von der Lebenslinie aufsteigende Linien können nicht bloß auf Jupiter, sondern auch auf den anderen Erhöhungen der Hand enden; beim Auslegen dieser Linien folge man der Regel, dass eine solche Linie die Bedeutung der betreffenden Erhöhung noch verstärkt.

Eine Zweiglinie der Lebenslinie, die z. B. auf der Saturnerhöhung endet, gleicht der Schicksalslinie, die jahrelang durch die Lebenslinie sozusagen versteckt oder niedergebunden wurde. Wenn sich also in der Mitte der Hand keine Schicksalslinie befindet, so wird dieses Zeichen umso wichtiger und gilt als Schicksalslinie von dem Zeitpunkt an, wo es beginnt. Ist jedoch auch die gewöhnliche Schicksalslinie an der Hand, so muss die erste dahin erklärt

werden, dass der Mensch etwas unternimmt, das außerhalb seines gewöhnlichen Arbeitsgebietes liegt und mit seiner Laufbahn parallel läuft.
Zwischen den guten von der Lebenslinie zu Saturn aufsteigenden und den ungünstigen von Saturn in die Lebenslinie abfallenden Linien muss genau unterschieden werden; die aufsteigenden Linien sind bei ihrem Anfang viel schwerer und dicker als an ihrem Ende, und umgekehrt ist die Linie von Saturn da am stärksten, wo sie anfängt. Viele betrachten das Lesen gerade dieser Linien als eine der größten Schwierigkeiten der Chiromantie; aber die eben erwähnte Regel macht die Sache zugleich einfach und logisch.
Eine Linie vom Leben zur Sonnenerhöhung deutet Ruhm und Erfolg an, die der Mensch seiner eigenen Persönlichkeit und nicht äußeren Umständen oder dem Zufall verdankt. Eine Linie zum Merkur (die aber nicht mit der Gesundheitslinie verwechselt werden darf) bedeutet irgendeinen besonderen Erfolg, gewöhnlich in geschäftlicher oder wissenschaftlicher Hinsicht, und zwar wie auch die anderen derartigen Linien, ob sie nun zu Jupiter, Saturn oder zur Sonne führen, Erfolg durch die eigne Persönlichkeit oder eigene Anstrengung.
Wenn sich die Lebenslinie am Ende teilt und der äußere Zweig länger und wichtiger ist als der, welcher die Venus umschließt, so wird der Mensch viel reisen und sein Leben außerhalb seines Geburtsortes oder -landes beschließen. Wenn dagegen die innere Linie mächtiger ist, so wird der Mensch immer wieder in sein Geburtsland, wenn auch nicht in seinen Geburtsort, zurückkehren, gleichviel wohin er reist oder in welchem Lande er lebt (f-f, Tafel VI).
Eine Insel in der Lebenslinie bedeutet Krankheit oder schwache Gesundheit, solange das Zeichen dauert. Eine große, deutlich ausgeprägte Insel ganz am Anfang der Linie bezeichnet einigen Autoritäten zufolge irgendein Geheimnis in Verbindung mit der Geburt des betreffenden Menschen. Ich habe das in vielen Fällen als wichtig erkannt, aber es ist so schwer; Auskunft über diesen Punkt zu erhalten, dass eine solche Regel kaum als erprobt gelten kann.
Die Marslinie (Titelblatt) innerhalb der Lebenslinie darf nicht mit Nebenlinien verwechselt werden, die aus der Lebenslinie selbst entspringen. Die Marslinie beginnt auf der Marserhöhung, folgt in manchen Fällen dem ganzen Lauf der Lebenslinie oder löscht in der Mitte aus.
An allen breiten, eckigen und spatelförmigen Händen verleiht die Marslinie eine kräftige Gesundheit und eine Kämpfernatur; sie ist ein vortreffliches Zeichen an der Hand eines Soldaten, da sie Mut und Furchtlosigkeit verleiht.
An einer schmalen, dünnen Hand unterstützt sie selbst die zarteste Lebenslinie und hilft ihr sozusagen durch ihre Lebenskraft über Unterbrechungen, Inseln und andere Zeichen schwacher Gesundheit hinweg; doch ist sie gewöhnlich mit einem reizbaren Temperament verbunden; solche Leute stehen häufig mit ihren Nebenmenschen auf dem Kriegsfuß.

Wenn von der Marslinie ein starker Teil nach dem Ansatz der Luna abzweigt, so ist das oft ein Zeichen von Unmäßigkeit, besonders wenn die Kopflinie sehr hoch auf dem zweiten Mars liegt.
Einflusslinien sind jene dünnen Linien, die innerhalb der Lebenslinie liegen. Sie bedeuten gewöhnlich Freundschaften mit dem anderen Geschlecht, und nach ihrer Länge kann man beurteilen, wie lange ein solcher Einfluss dauerte. Männer oder Frauen mit dem so genannten Venustemperament haben viel deutlicher ausgeprägte Einflusslinien als andere, die nicht so sehr von ihren Gefühlen beherrscht werden.
Ich habe nicht Raum genug zur Verfügung, hier auf alle Einzelheiten einzugehen; wer sie aber genauer zu studieren wünscht, wird in meinem größeren Werk weitere Auskunft über solche Zeichen und ihre Bedeutung finden.
Linien in der umgekehrten Richtung, die also die Lebenslinie schneiden (g-g, Tafel VI), zeigen Unannehmlichkeiten und Hindernisse, die uns von Mitmenschen bereitet werden, wenn im ersten Teil der Lebenslinie, dann meist durch Verwandte. Später rühren die Hemmungen meist von anderen her, mit denen uns der Alltag zusammenführt. Eine verlässliche Regel ist die, dass die mit der Lebenslinie gleichlaufenden Linien Einflüsse des anderen Geschlechts, die sie kreuzenden Linien jedoch Einflüsse von Geschlechtsgenossen bedeuten.
Wenn eine dieser Widerstandslinien die Schicksalslinie schneidet, so erhöht das ihre Bedeutung, denn wo sie die Schicksalslinie berührt, wird jemand störend in die Laufbahn eingreifen.
Wenn eine solche Linie die Sonnenlinie berührt, so wird die Einmischung den guten Ruf oder die Stellung gefährden.
Trifft sie die Kopflinie, so erfolgt Seelenqual und Angst; die Herzenslinie – Störung in Gefühlssachen.
Geht sie nach der Heiratslinie, so bezieht sich die Störung auf die Heirat, und ähnlich verhält es sich mit jeder Linie und jedem Punkt der Hand, wo eine derartige Linie endet.
Wenn auf der Venuserhöhung eine Menge feiner Linien mit der Lebenslinie gleichlaufen, so verrät das eine liebebedürftige Natur. Solche Menschen haben zahlreiche Liebesverhältnisse im Leben; sie sehnen sich nach Liebe und sind nur dann glücklich, wenn sie fühlen, dass sie geliebt werden. Ein gänzlicher Mangel auf dieser Erhöhung bezeichnet eine Natur, die von solchen Dingen weniger beeinflusst wird und der es ziemlich gleichgültig ist, ob sie geliebt wird oder nicht.
Viele Linien in der entgegengesetzten Richtung, also nach außen, zeigen, dass der Mensch seinen Interessen entgegen anderen zu viel Macht über sein

Leben einräumt. Er gerät beständig in Unannehmlichkeiten durch die Einmischung der Leute, mit denen er in Berührung kommt.

Wenn dagegen sehr wenige Linien nach außen führen, so zeigt das eine selbstherrliche Natur, die anderen keine Einmischung in ihre Pläne gestattet und folglich auf ihrem Weg durchs Leben weniger Verdrießlichkeiten hat.

Über die Zeitberechnung der Ereignisse und die Einteilung der Lebenslinie wird der Lernende ein eigenes Kapitel am Ende dieses Buches finden.

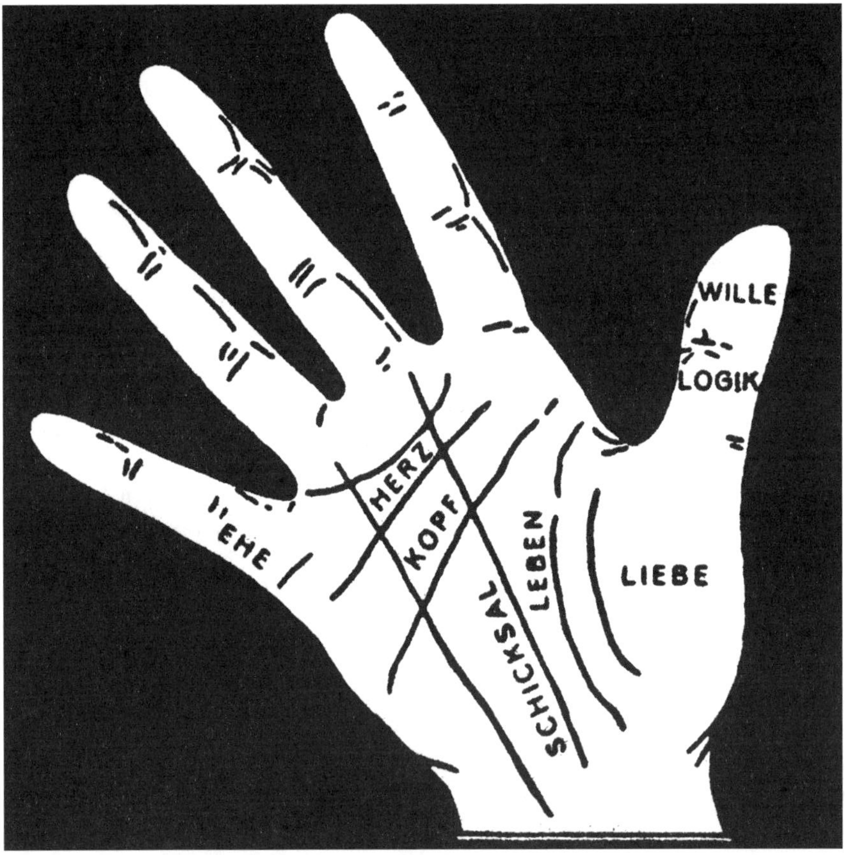

XII. Kapitel: Die Kopflinie

„To know is power“- let us then be wise,
And use our brains with every good intent,
That at the end we come with tired eyes,
And give to Nature more than what she lent.

Die Kopflinie (Titelblatt) bezieht sich auf den Verstand des Menschen, auf seine geistige Entwicklung und auf alle Krankheiten, die das Gehirn berühren. Die Kopflinie kann auf drei verschiedenen Punkten entspringen, nämlich auf der Jupitererhöhung, der Lebenslinie oder der Marserhöhung innerhalb der Lebenslinie.

Wenn sie lang ist, vom Jupiter kommt und die Lebenslinie leicht berührt, so ist sie am mächtigsten (a-a, Tafel VI). Ein Mensch mit dieser Kopflinie besitzt Scharfsinn, Zielbewusstsein, Ehrgeiz und Macht über andere, verbunden mit Logik, Vernunft und gesunder Urteilskraft. Solche Menschen sind für verantwortliche und einflussreiche Stellungen und für die Ausübung der Justiz vortrefflich geeignet.

Es gibt eine Abweichung von dieser Art, die fast ebenso gut ist. Sie entsteht auch auf Jupiter, bleibt aber ein wenig von der Lebenslinie getrennt. Das gibt weniger Vorsicht, befähigt aber ebenfalls zur Leitung von Menschen und Betrieben. Menschen mit diesem Zeichen sind jeder Schicksalslage gewachsen; ihr größter Fehler ist Mangel an Beständigkeit; sie sind heftig, ungeduldig und können Einschränkung durch andere nicht vertragen (b-b, Tafel VIII).

Ist jedoch der Zwischenraum sehr groß, so ist der Mensch unbesonnen und unklug und stürzt sich geradezu tollkühn in Unternehmungen; an der Hand einer Frau ist das noch mehr der Fall.

Eine kurze anfängliche Verbindung der Kopf- mit der Lebenslinie ist ein günstiges Zeichen geistigen Gleichgewichts, vorausgesetzt, dass die Kopflinie gut, d. h. lang und deutlich ist. Solche Menschen sind sehr vorsichtig, sogar zu vorsichtig für ihren eigenen Vorteil; sie sind auch sehr empfindlich und haben wenig Selbstvertrauen – gerade das Gegenteil von der Kopflinie von Jupiter mit großem Abstand. Wenn Kopf- und Lebenslinie noch mehr verbunden sind und sich bis weit in die Hand hinein aneinander klammern, so wird die Überempfindlichkeit einer solchen Natur den Erfolg im Leben erheblich stören.

Die Kopflinie, die innerhalb der Lebenslinie auf der Marserhöhung beginnt, ist ungünstig. Sie verrät eine mürrische, selbstquälerische Natur, die immer mit anderen im Streit liegt; sie ist auch ein Zeichen nervöser Empfindlichkeit, was die Reizbarkeit solcher Personen zum Teil erklären mag.

Die bei der Kopflinie in Betracht zu ziehenden Leitpunkte sind dies:

Ist sie gerade, deutlich und ebenmäßig, so gibt sie praktischen Menschenverstand und Freude am Materiellen mehr als am Ideellen. Wenn anfangs gerade und dann etwas schräg, so zeigt sie Gleichgewicht zwischen dem rein Logischen und dem rein Phantastischen; ein solcher Mensch wird sogar in der Behandlung phantasievoller Ideen seinen Kopf kühl bewahren.
Wenn die ganze Linie eine sanfte Kurve nach unten bildet, so sind die Neigungen dem Phantasievollen zugewendet; es ergibt sich Liebe zur Kunst, Literatur, Musik u. dgl.
Wenn sie auf der Lunaerhöhung scharf nach abwärts führt, so zeigt sie Idealismus, Einbildungskraft, Vorliebe für das Romantische und die Bohème (h-h, Tafel VI). Diese Eigentümlichkeit tritt noch mehr hervor, wenn sie an der philosophischen, konischen oder psychischen Hand vorkommt. Bei diesen Typen ist es ein sehr gefährliches Zeichen, wenn sie sich weit gegen das Handgelenk oder den Lunaansatz fortsetzt. Die Phantasie dieser Menschen läuft mit dem Verstand davon; sie begehen oft Selbstmord, was die Entstehung der Theorie veranlasst hat, dass ein solches Zeichen immer Selbstmord bedeute; dabei wird aber der Typus der Hand zu wenig in Betracht gezogen. An der breiten Hand ist es z. B. nicht halb so gefährlich wie an der konischen und psychischen Hand, weil die breite Hand an sich schon gesunden Menschenverstand und Materialismus bedeutet, durch die der Einbildungskraft ein gewisses Gegengewicht geboten wird. Doch ist dieses Zeichen immer mit Melancholie und einem Übermaß von Einbildungskraft verbunden, und wenn es sich an einer schmalen psychischen Hand neben anderen unglücklichen Anzeichen findet, so weissagt es eine Versuchung zum Selbstmord.
Das gerade Gegenteil davon wäre die aufsteigende Kopflinie, die also die bessere Natur, die Herzenslinie, erdrückt; doch darf man dies nicht mit einer geraden Linie quer über die Handfläche verwechseln, die sozusagen eine Verbindung von Kopf- und Herzenslinie ist; diese letztere ist nicht günstig, außer mit einer guten Schicksalslinie.
Vor allem muss man sich merken, dass die Kopflinie in ihrer Lage quer über die Hand mehr oder weniger normal sein soll. Alles, was vom Normalen abweicht, muss nach der einen oder anderen Seite hin anormal sein. Wie die schräge Kopflinie einen Hang zum Phantastischen, zum Idealen, zum Gegenteil vom Praktischen, wie z. B. Gelderwerb, gibt, so verleiht die aufwärts steigende Linie die Entwicklung des rein Praktischen, Liebe zum Geld und eine härtere Natur (a-a, Tafel VI).
Eine einzige Hauptlinie quer über die Handfläche ist ein Zeichen, das unter hundert Fällen bloß einmal vorkommt. Sie verspricht entweder großen Erfolg oder großen Misserfolg. Ist die Schicksalslinie klar ausgeprägt, so darf man Erfolg erwarten; ist aber keine Schicksals- oder Sonnenlinie vorhanden, dann

ist sie meiner Erfahrung nach gewöhnlich mit Misserfolg verbunden. Es ist eine Verbindung von Kopf und Herz. In allen Fällen, wo die Hand fest ist, zeigt sie große Gefühlsstärke. Wenn solche Personen sich auf etwas verlegen, so führen sie es sicher aus, trotz aller Vernunftgründe und Hindernisse. Wenn sie jemandem ihr Herz schenken, so geschieht es unwiderruflich. Sie werden selten verstanden und fühlen sich einsam im Leben. Äußerer Erfolg ist ihnen entweder übertrieben gleichgültig oder übertrieben wünschenswert. In solchen Naturen scheint es keine goldene Mitte zu geben; doch würde eine einzige günstige Linie an einer solchen Hand, z. B. eine gute Schicksalslinie, alles zum Besseren wenden. Diese Verbindung von Kopf- und Herzenslinie macht hervorragende Soldaten oder Seeleute. In Arbeit und Gefahr würde die innere Stärke dieser Menschen ihnen über jede Krise hinweghelfen. Ich habe persönlich ein paar heldenhafte Soldaten gekannt, deren Hände dieses sehr ungewöhnliche Zeichen aufwiesen.

Eine klar ausgeprägte Kopflinie ist ein sicheres Zeichen von Verstand und Scharfsinn.

Eine sehr kurze Linie bedeutet das Gegenteil, einen stumpfen und schwerfälligen Geist.

Wenn wellenförmig und unbestimmt, bezeichnet sie Ungleichheit und Wankelmut.

Kleine Inseln in der Kopflinie verraten Kopfschmerzen und meist auch ein schwaches Gedächtnis (a-a, Tafel VII).

Ist sie unterhalb der Saturnerhöhung in zwei Stücke zerbrochen, so droht der Tod durch einen Unfall, der den Kopf trifft. Eine Insel unter Saturn ist ebenfalls das Zeichen eines Unfalls oder einer Verletzung.

Wenn sich die Kopflinie so hoch an der Hand befindet, dass zwischen ihr und der Herzenslinie nur ein sehr geringer Abstand bleibt, so wird das Herz immer vom Kopf regiert.

Wenn ein Zweig von der Kopflinie aufsteigt und sich mit der Herzenslinie vereinigt, so wird das Leben des Menschen durch ein großes Gefühl beherrscht, das ihn gegen Vernunft und Gefahr gleich blind macht.

Eine doppelte Kopflinie kommt selten vor; sie ist ein Zeichen großer Geisteskraft, jedoch von einer sonderbaren Art. Solche Menschen haben zwei Seelen in ihrer Brust; die eine Seite (wenn eine der beiden Linien mit der Lebenslinie verbunden ist) sanft und mitfühlend, die andre ehrgeizig, entschlossen und voll Selbstvertrauen.

Diese Menschen sind vielseitig, sie verfügen über große Sprachgewalt und über die Gabe, einen Gegenstand von allen Seiten zu erfassen. Was den Erfolg anlangt, ist ihr größter Fehler ihre kritische Veranlagung; sie reißen sich und ihre eigenen Ideen ebenso sehr in Stücke wie die anderer Leute. Dieses Zeichen kommt geradeso selten vor und ist in seiner Art genau so merkwürdig wie die eine gerade Linie quer über die Hand.

Die Kopflinie, die auf der Jupitererhöhung entspringt oder Zweiglinien dahin entsendet, gehört einer sehr ehrgeizigen Natur an. Wenn dabei die Kopflinie gut ist, so verspricht sie Erfüllung der Wünsche (c-c, Tafel VIII).

Vor allem muss man im Auge behalten, dass die Kopflinie in Verbindung mit dem Typus der Hand studiert werden muss. Die schräge Kopflinie stimmt z. B. mehr mit dem konischen Typus überein; folglich würde eine gerade Kopflinie an einer solchen Hand eine der Erziehung und den Umständen zuzuschreibende Entwicklung nach der praktischen Seite hin bezeichnen, die viel merkwürdiger ist als eine solche gerade Linie an einer breiten Hand. Der Lernende muss also die Eigentümlichkeiten der verschiedenen Handtypen in Erwägung ziehen, wenn er die Kopflinie studiert.

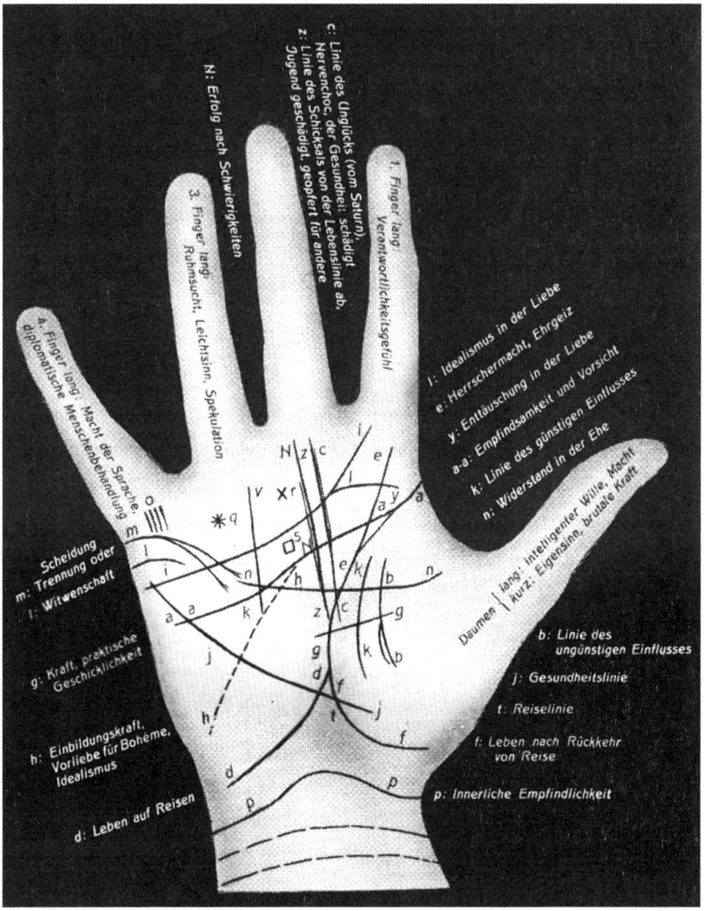

XIII. Kapitel: Die Herzenslinie

... Keep still, my heart,
Nor ask for peace, when care may suite thee best,
Nor ask for life, nor joy, nor even rest,
But be content to love, whate 'er betide,
And may be, Love will bring thee to Love's side.

Die Herzenslinie, auch Mensallinie genannt, kann auf drei wichtigen Punkten entspringen, nämlich auf der Mitte der Jupitererhöhung, zwischen dem ersten und zweiten Finger oder auf der Saturnerhöhung.

Wenn sie in der Mitte Jupiters beginnt, so gibt sie die höchste Art der Liebe - den Stolz auf das Ideal des Herzens und seine Verehrung. Eine Frau mit diesem Zeichen muss vor allen Dingen auf den Mann, den sie heiratet, stolz sein können. Sie würde selten unter ihrem Stand heiraten; denn der Mann ihrer Wahl muss groß sein; sie muss zu ihm aufschauen können; er muss im Leben eine gebietende Stellung einnehmen (i-i, Tafel VI). Eine solche Frau wird jedoch durch ihren Stolz in ihrer Liebe leicht verletzt, und wenn ihr Ideal einmal zerbrochen ist, dann ist es für immer zerbrochen, wenigstens was jene Person anbelangt.

Je weiter die Herzenslinie zum Ansatz des Jupiterfingers hinaufreicht, desto eifersüchtiger wird die Natur sein. In ihrer Liebe ist sie anspruchsvoll; sie will den geliebten Menschen unumschränkt beherrschen. Wenn die Linie außerordentlich lang ist und quer von einer Seite der Hand zur anderen führt, so ist die Stärke der Liebesgefühle und damit auch die Eifersucht in der Liebe umso größer.

Das günstigste Zeichen an der Hand eines Mannes oder einer Frau ist eine Herzenslinie, die zwischen dem Zeige- und Mittelfinger entspringt. Dieses Zeichen ist mit einem ruhigen Temperament in Herzensangelegenheiten verbunden. Solche Menschen zeigen ihre Gefühle weniger offen als jene Schwärmer mit der Linie vom Jupiter, aber ihre Liebe ist stark und tief. Wenn sie lieben, vergeben sie alle Fehler, vergessen alle Schwächen. Mag ihr Abgott auch tausendmal fallen, sie werden ihn ruhig wieder aufstellen in ihrem Herzen; sie werden ihm die zerbrochenen tönernen Füße zusammenstücken und weiterleben wie vorher. Dieses Zeichen findet sich öfter an einer Frauen- als an einer Männerhand.

Der dritte Ursprung der Herzenslinie ist auf der Saturnerhöhung; dies bezeichnet eine mehr sinnliche Art der Liebe. Oft hat eine solche Linie vom Saturn sehr wenig Abzweigungen und erstreckt sich als einfache tiefe rote Linie quer über die Hand. Menschen mit einem solchen Zeichen sind gewöhn-

lich selbstsüchtig in der Liebe, sinnlich und lüstern. Je mehr die Linie aus dem Finger selbst kommt, umso schlimmer sind sie in dieser Beziehung.
Wenn eine Menge feiner Linien in die Herzenslinie läuft, so ist der Mensch unbeständig; er flirtet gern, hat eine ganze Anzahl von Liebeleien, aber keine dauernde Zuneigung.
Die hellrote Farbe der Herzenslinie zeigt große Heftigkeit und ein hochgespanntes leidenschaftliches Temperament.
Ist die Herzenslinie blass und breit, so ist der Mensch blasiert und gleichgültig.
Ist sie dünn wie ein Faden und blass in der Farbe, so ist die Person kalt, mit wenig Leidenschaft oder Herzlichkeit.
Wenn sie voller Inseln ist, so wird die Liebe von Sorgen und Unglück begleitet sein.
Liegt sie nahe bei der Kopflinie, so wird das Herz zu viel in den Angelegenheiten des Kopfes mitsprechen.
Wenn aber die Herzenslinie sehr hoch an der Hand ist und die Kopflinie dicht daneben liegt, so wird der Kopf das Herz vollständig regieren; das gibt eine höchst praktische Natur in diesen Dingen.
Unterbrechungen in der Herzenslinie sprechen von Enttäuschungen in der Liebe.
Eine von Jupiter kommende gegabelte Herzenslinie ist immer das Zeichen eines aufrichtigen redlichen Herzens.
Die auf Jupiter entspringende Herzenslinie (i-i, Tafel VI) gibt eine glückliche Veranlagung in Gefühlssachen. Die herabhängende Linie bedeutet Unheil; solche Menschen haben mehr Enttäuschungen in ihrer Zuneigung, als den meisten Sterblichen zuteil werden.
Es ist ein höchst unglückliches Zeichen, wenn die Herzenslinie selbst zur Kopflinie hinuntersinkt (d-d, Tafel VIII); es weissagt ebenfalls Enttäuschung in der Liebe.
Eine sehr kahle, nach außen hin dünne Herzenslinie soll Unfruchtbarkeit bedeuten; soviel ist sicher, dass solche Personen in vorgerückten Jahren alle Liebesfähigkeit verlieren.
Wenn die Herzenslinie entweder ganz oder an gewissen Stellen sozusagen ausgelöscht ist, so bedeutet das eine so furchtbare Enttäuschung in der Liebe, dass der Mensch schließlich allen Wunsch nach der Liebe anderer verliert und keiner Liebesgefühle mehr fähig ist. Es gibt jedoch wenige Fälle dieser Art, denn die Liebe ist mit dem Leben so eng verwoben, dass wir kaum die eine ohne das andere verlieren können.

XIV. Kapitel: Die Schicksalslinie

And would we question Fate? Methinks
In life's long chain we are the little links
That stretch the endless whole, and thus I teach;
As part of life so are we part of each.

Die Schicksalslinie (Titelblatt), auch Saturnlinie genannt, ist eine der wichtigsten Linien.[16]

Bei der Beurteilung dieser Linie spielt der Typus der Hand eine wichtige Rolle. Sogar in den besten Fällen ist diese Linie in den ersten drei Klassen, nämlich bei der elementaren, der breiten und der spatelförmigen Hand, weniger stark ausgeprägt als an der philosophischen, konischen und psychischen Hand. Diese aufrechte Linie scheint mehr zu den letzterwähnten Arten zu passen und kommt dort häufiger vor. Wenn man also, was oft der Fall ist, eine anscheinend sehr starke Schicksalslinie an einer konischen oder psychischen Hand findet, so darf man ihr lange nicht dieselbe Bedeutung beimessen wie einer gleich starken Linie an der breiten, spatelförmigen oder primitiven Hand. Dieser Punkt ist von anderen, die über Chiromantie geschrieben haben, vollständig übersehen worden. Das macht den Lernenden irre, denn er sieht vielleicht eine vergleichsweise sehr schwache, dürftige Schicksalslinie an einer breiten oder spatelförmigen Hand und zieht daraus den Schluss, dass sie wenig Bedeutung hat, und dabei ist er entzückt von einer starken aufrechten Linie an der konischen Hand.

Die eigentliche Schicksalslinie bezieht sich auf alle Dinge dieser Welt, auf Gelingen und Fehlschlagen der Pläne, auf Hindernisse, die sich unserem Lebensziel entgegenstellen, und auf Menschen, die unsere Laufbahn beeinflussen. Diese Linie kann am Handgelenk, auf der Lebenslinie, der Lunaerhöhung, der Mitte der Handfläche oder sogar auf der Herzenslinie entspringen.

Kommt sie von der Lebenslinie, so wird der Erfolg bloß durch persönliches Verdienst gewonnen. Wenn sie nahe am Handgelenk entsteht und dann durch die Lebenslinie sozusagen eingezogen oder niedergebunden wird, so opfert man wenigstens den ersten Teil seines Lebens den Rücksichten auf die Hei-

---

16 *(Aus dem indischen Drama in Sanskrit von Sakurstala aus Kalidas, 1. Jahrhundert vor Christi Geburt).*
Priester*: „Wahrsager haben geweissagt, dass Dein Erstgeborner die Welt beherrschen werde. Wenn also die Tochter des Einsiedlers einen Sohn mit dem Ring oder Zeichen der Herrschaft in den Linien der rechten Hand zur Welt bringt, so sollst Du sie sofort mit großem Jubel in Deine königlichen Gemächer aufnehmen; wenn nicht, dann sollst Du sie so bald als möglich zu ihrem Vater zurückschicken."*
König*: „Ich beuge mich der Entscheidung meines geistlichen Ratgebers."*

mat, auf Familienbande usw.; und dies schädigt die Laufbahn in der Jugend. Der Zeitpunkt, wo die Schicksalslinie die Lebenslinie verlässt, ist der Anfang einer erfolgreicheren Zeit.
Wenn die Schicksalslinie am Handgelenk beginnt und gerade und klar ihrem Endpunkt am Saturn zustrebt, so haben wir es mit einer starken Persönlichkeit zu tun; es ist gewöhnlich ein günstiges Zeichen, denn trotz aller Hindernisse kommen diese Menschen im Leben immer vorwärts (c-c, Tafel VII).
Das Schicksal, das von der Lunaerhöhung kommt, ist viel wandelbarer und ungewisser und hängt immer mehr oder weniger von der Laune anderer ab; das findet sich oft an der Hand von Günstlingen des Volkes.
Eine starke Schicksalslinie, in die ein ebenso starker Zweig von der Luna mündet (d-d, Tafel VII), hat eine ähnliche Bedeutung; es wird jemand großen Einfluss auf die Karriere ausüben. Alle diese Einflusslinien von der Luna stehen gewöhnlich für wankelmütige oder launenhafte Menschen, die bestimmend in unser Leben eingreifen.
An einer Frauenhand sind diese Linien gewöhnlich tiefer als an einer Männerhand.
Wenn die Einflusslinie tief ist und mächtiger als die Schicksalslinie, und wenn sie hernach mit ihr weitergeht, so deutet das auf eine reiche Verbindung und gibt gewöhnlich den Zeitpunkt der Heirat an. (Über Anzeichen der Heirat siehe Kapitel XVII.)
Wenn die Schicksalslinie Sprossen nach einer anderen als der Saturnerhöhung entsendet, so werden die Eigenschaften jener Erhöhung das Leben beherrschen.
Sollte die Schicksalslinie selbst zu einer anderen als der Saturnerhöhung laufen, so verspricht das einen außergewöhnlichen Erfolg in der Eigenart der betreffenden Erhöhung. Wenn sie z. B. eine gerade Linie nach Jupiter schickt oder selbst dahin geht, (n, Tafel VII), so ist besondere Auszeichnung und Macht zu erwarten meist die Macht eines unumschränkten Gewalthabers. Solche Menschen besitzen eine ungeheure Tatkraft; sie sind ehrgeizig und entschlossen in der Ausführung ihrer Pläne; sie regieren gut und bekleiden die höchsten verantwortlichen Stellungen mit gutem Erfolg.
Wenn die Schicksalslinie die Saturnerhöhung durchquert und nach Jupiter läuft, dann ist der Erfolg gegen Ende der Laufbahn so groß, dass es selbst den weitgehenden Ehrgeiz eines solchen Menschen fast befriedigen dürfte.
Wenn die Schicksalslinie in den Finger Saturns selbst hineinläuft, dann wird im Leben des betreffenden Menschen alles zu weit führen. Das Glück wird zwar kommen, aber die Dinge scheinen immer über den Menschen hinauszuwachsen.

Wenn die Linie in der Kopflinie plötzlich abbricht, so wird die Laufbahn durch einen Missgriff des Kopfes zugrunde gerichtet; wenn die Linie hernach nicht mehr weitergeht, so ist der Verlust nicht wieder gutzumachen.
Wenn ein ähnlicher Fall die Herzenslinie betrifft, so wird die Laufbahn an der Liebe scheitern.
Die erst in der Mitte der Hand, der Marsebene, entspringende Schicksalslinie bedeutet ein hartes, entbehrungsreiches Leben. Wenn sie von da an klar weitergeht, so wird der Mensch alle Schwierigkeiten überwinden und sein Ziel erreichen.
Ähnliches trifft zu, wenn sie erst an der Kopflinie beginnt, und das verspricht eine günstige Wendung in den mittleren Jahren, aber nur durch den Verstand und die Geisteskraft des Menschen selbst.
Der Ursprung auf der Herzenslinie verzögert den Erfolg; er wird spät im Leben, ungefähr mit fünfzig Jahren, kommen; bis dahin ist das Leben nichts als ein schwerer Kampf.
Die Schicksalslinie, deren erster Zweig von der Luna und deren zweiter von der Venus kommt, deutet an, dass die Laufbahn eines solchen Menschen immer zwischen Einbildungskraft und Liebe oder Leidenschaft hin und her schwankt.
Wenn sie gebrochen ist oder aus kleinen Stücken besteht, so ist die Laufbahn unsicher und zeigt ein ewiges Auf und Nieder zwischen Erfolg und Misslingen.
Eine entschiedene Unterbrechung der Linie ist ein sicheres Zeichen von Unglück und Verlust; wenn aber eine Linie beginnt, ehe die andere endet, so deutet das auf eine vollständige Änderung der Verhältnisse, und wenn die Linie nachher günstig ist, so ist es eine Änderung zum Besseren und stimmt mit den Wünschen des Menschen überein (e-e, Tafel VIII).
Eine doppelte oder Schwesternlinie ist gut, wenn klar und deutlich ausgeprägt. Kommt aber die eine von der Venus; die andere von der Luna, so führt der Mensch ein seltsames, sehr ereignisreiches und nicht zu beneidendes Doppelleben.
Eine doppelte Schicksalslinie ist ein gutes Zeichen, wenn die beiden Teile nebeneinander her laufen und zu verschiedenen Erhöhungen führen; das weist auf eine doppelte Laufbahn hin, sofern die Linien günstig sind.
Alle Linien quer durch die Schicksalslinie bedeuten Menschen, die störend in unsere Lebensaufgabe eingreifen. Der Zeitpunkt einer solchen Einmischung liegt da, wo sich die beiden Linien schneiden (f-f, Tafel VIII).
Die Schicksalslinie ist die wichtigste Linie für die Zeitbestimmung der Ereignisse (siehe Kapitel XXII).

XV. Kapitel: Die Sonnenlinie

And there are some who have success in wealth,
And some in war, and some again in peace,
And some who gaining their success in health,
See others decrease.
Man can't have all - the sun consumes itself
By burning in its lap more feeble stars,
And those who crave the Hindu idol's part,
Oft crush their children 'neath their gilded cars.

Die Sonnenlinie (Titelblatt) wird auch Ruhmeslinie, Linie des Apollo, Glückslinie genannt. Sie muss wie die Schicksalslinie in Verbindung mit dem Typus der Hand studiert werden; dieselbe Regel bezieht sich also auf beide Linien.

Ich ziehe es als weniger irreführend vor, dieses Zeichen die Sonnenlinie zu nennen. Diese Linie vermehrt den Erfolg, den eine gute Schicksalslinie verspricht. Sie gibt auch dem Leben mehr Helle, Ruhm und höheren Rang. Wenn sie aber nicht zu den anderen Linien passt, wenn also die Hand eine sehr karge Schicksalslinie und eine schlechte Kopflinie hat, so wird durch die Sonnenlinie nur die Sehnsucht des Menschen nach diesen Dingen bezeichnet. Sie findet sich dann oft bei einem Kunstliebhaber, der selbst nicht die Gabe des Ausdrucks besitzt. Auch mit nur mäßig guten Linien ist die Sonnenlinie immer günstig. Unter zehn Fällen kann man neunmal sicher annehmen, dass die Lage des Menschen von dem Zeitpunkt an, wo sie an der Hand entspringt, besser und glänzender wird.

Die Sonnenlinie kann auf der Lebenslinie, der Schicksalslinie, der Lunaerhöhung, der Marsebene, der Kopflinie und der Herzenslinie entstehen. Im ersten Fall ist sie an einer künstlerischen Hand eine sichere Vorbedeutung des Erfolgs in einer künstlerischen Laufbahn; sie ist aber auch, besonders in dieser Lage, ein ebenso sicheres Anzeichen eines empfindsamen Temperaments. Solche Menschen widmen ihr ganzes Leben dem Dienst des Schönen und erzielen doch nicht soviel wie andere, bei denen die Sonnenlinie aus der Schicksalslinie entspringt.

Von der Schicksalslinie aus erhöht sie die gute Bedeutung jener Linie. In den meisten Fällen verleiht sie dem Leben irgendeine Auszeichnung von der Zeit an, wo sie die Schicksalslinie verlässt, Der Erfolg oder die Auszeichnung ist um so größer, je deutlicher und besser die Linie (f-f, Tafel VII).

Ich halte es für viel genauer und weniger irreführend, diese Linie als Linie des Glanzes und Erfolges zu beschreiben, wie schon der Name andeutet, und nicht, wie viele tun, als Linie des Apollo oder Kunstlinie; denn ebenso oft wie an der Hand von Künstlern findet sie sich an der Hand von Menschen, die keine gerade Linie ziehen und Blau nicht von Rot unterscheiden können; ausgenommen ist der zuerst erwähnte Fall, wo sie eine empfindsame künstlerische Natur offenbart.

Eine der besten Variationen ist es, wenn diese Linie vom Handgelenk ganz gerade zum Goldfinger hinaufgeht, mit der Schicksalslinie gleichläuft und sich nie weit von dieser entfernt. Mit einer guten Schicksalslinie ist das eine der schönsten Verheißungen glänzenden Erfolges auf dem Pfad, den ein solcher Mensch einschlagen mag. Gute Beispiele dieser Art sind die Hände Sarah Bernhardts und Lord Leightons.[17]

Man hüte sich vor dem Irrtum, dass eine schwere Linie, die von der Luna zum Goldfinger geht, dasselbe sei; das wäre weit gefehlt. Sie weissagt bloß ein ereignisreiches Leben, voll Wechsel und Unsicherheit; wenn aber eine solche Linie mehr in die Hand hineinrückt und mit der Schicksalslinie entlang geht, dann wird sich das Leben zum Besseren wenden.

Obwohl jene Linie von der Luna eine muntere, glückliche Veranlagung verrät, so offenbart sie doch auch einen ernsten Charakterfehler; diese Menschen sind veränderlich, bald so, bald anders gegen die Menschen, ungleich in ihren Stimmungen und unbeständig in ihren Arbeiten. Sie ersehnen Ruhm und Auszeichnung, haben aber wenig Beharrlichkeit und können selten ihre Pläne zur Ausführung bringen (g-g, Tafel VIII).

Die Sonnenlinie findet sich manchmal bei einer armseligen, unglücklichen Schicksalslinie. Dann wird der Mensch seine Fröhlichkeit und Freudigkeit behalten trotz aller widrigen Geschicke, trotz beständiger Sorgen und Enttäuschungen.

Die Sonnenlinie von der Lunaerhöhung kann an einer ausnahmsweise guten Hand Erfolg und Glück versprechen, doch wird das großenteils von den Launen anderer abhängen. Sie ist also in diesem Falle nie ein sicheres Zeichen des Erfolges, da sie zu sehr von den Geschicken anderer beeinflusst wird. Die Launen anderer sind im besten Fall nur Triebsand, auf den man nicht bauen kann.

Von der Marsebene aufsteigend gibt die Sonnenlinie Erfolg nur nach großen Mühseligkeiten; wenn sie geradeswegs ihrem Finger zustrebt, ist sie günstig (t-t, Tafel VI).

Von der Kopflinie aufsteigend und von da aus gut, verspricht sie Erfolg von den mittleren Jahren an, der aber einzig der Geistesarbeit des betreffenden Menschen zuzuschreiben ist.

---

[17] *Siehe Cheiro's „Language of the Hand", Tafel XXVII und XLI.*

Von der Herzenslinie aus und dann klar, verheißt sie ein sehr spätes Glück. Die Sonnenlinie soll klar und deutlich von der Herzenslinie aufsteigen; dann wird das vorgerückte Alter glücklich sein. Wenn keine Linie da ist, sondern nur eine Reihe kleiner Ritze, so gibt das einen sehr düsteren Ausblick auf das Alter. Ist der Goldfinger länger als der Zeigefinger und fast so lang wie der Mittelfinger, und ist zugleich die Sonnenlinie stärker als die Schicksalslinie, so ist der Mensch der geborene Spieler. Er spielt mit allem, mit Anlagen, mit Geld, mit Gefahr und Leben. In einer derartigen Verbindung deutet auch eine abwärts gehende Kopflinie auf Lust am Spielen, Wetten, an gewagten Spekulationen hin. Wenn eine gute Schicksalslinie und die Sonnenlinie nebeneinander her laufen und die Kopflinie gerade ist, so wird der Mensch zu Wohlstand und Ehren gelangen; denn die gerade Kopflinie zeigt eine durchaus praktische Natur und die anderen Linien Glück in allen Unternehmungen.

Viele Linien auf der Sonnenerhöhung zeigen, dass zu viele Dinge versucht werden. Die Menge der Ideen wird dann allen wirklichen Erfolg stören.

Ein Stern auf der Sonnenlinie ist vielleicht das herrlichste Zeichen von Glanz und Ruhm, das man finden kann.

Ein Viereck auf dieser Linie beschützt Namen, Ruf oder Stellung.

Eine Insel bedeutet Verlust der Stellung und Unglück im allgemeinen, solange das Zeichen dauert; ist die Mitte der Insel vorüber, so werden die Verhältnisse wieder besser. Wenn die Sonnenlinie eine Weile an der Hand erscheint, dann auslöscht und sich wieder erneuert, so wird der Mensch eine dunkle, sorgenvolle Zeit durchmachen; wo aber die Linie wieder auftritt, da ist die Helligkeit wieder hergestellt. An einer hohlen Hand verliert die Sonnenlinie alle Macht, bezeichnet aber ein fröhliches Gemüt und einen hoffnungsvollen Geist trotz des Missgeschicks, das die Hohlheit der Handfläche andeutet. Man beachte, dass eine hohle Handfläche gewöhnlich mit schwacher Gesundheit verbunden ist. An einer sonst begabten und künstlerischen Hand fehlt die Sonnenlinie oft ganz. Man darf zwar daraus nicht schließen, dass solche Menschen nie zu Ruhm und Auszeichnung gelangen werden, aber bei aller Anstrengung wird die Anerkennung der Welt schwer zu erringen sein. Die Särge dieser Menschen sind mit Kränzen bedeckt, und im Leben haben sie kaum genug zu essen. Wenn die Sonnenlinie anstatt nach dem Goldfinger nach Saturn geht, so ist sie nicht so verheißungsvoll. Sorgen und Missgeschick hemmen den Erfolg solcher Menschen. Sie mögen vieles erringen, aber kaum je das Glück. Wenn die Linie Saturn durchkreuzt oder einen starken Zweig nach Jupiter entsendet, so liegt der Erfolg hauptsächlich in Stellungen von großer Verantwortlichkeit und Macht in der Führung der Massen (g-g, Tafel VII). Doch ist dieses Zeichen nicht so mächtig wie eine nach Jupiter gehende Schicksalslinie.

XVI. Kapitel: Die Gesundheitslinie oder Hepatica

Some flowers are bruised that they may be more sweet,
And some lie broken neath the rush of feet;
And some are worn a while, then tossed aside,
Some deck the dead, while others grace the bride;
And so in Life, I've seen the saddest face,
The broken flower, give forth the sweetest grace.

Unter den Chiromanten bestehen Meinungsverschiedenheiten darüber, wo die Gesundheitslinie eigentlich beginnt. Meine Theorie, die sich in Krankheitsfällen und beim Beobachten des Wachstums der Linie an der Hand von Kindern als richtig erwiesen hat, ist die, dass sie am Ansatz der Merkurerhöhung oder auf derselben entspringt. Indem sie die Hand herunterwächst, sich der Lebenslinie nähert oder sie trifft, zeigt sie die Entwicklung der Krankheit, gefährliche Zeiten usw. Man beachte, dass die Lebenslinie sich nur auf die Länge des Lebens aus natürlichen Ursachen, auf die in der Familie übliche Länge oder Kürze bezieht, während die Gesundheitslinie den wechselnden Gesundheitszustand mit größerer Genauigkeit zeigt.

Wenn die Gesundheitslinie (Titelblatt) überhaupt vorhanden ist, so soll sie gerade die Hand herablaufen oder wenigstens sich am Handgelenk verlieren, ohne die Lebenslinie irgendwo zu berühren.

Je weniger von der Gesundheitslinie vorhanden ist, desto besser für den Menschen.

Wenn sie ganz fehlt, so ist die Konstitution stark; sogar mit einer zerrissenen und dürftigen Lebenslinie hat der Mensch größere Aussicht auf Genesung, als wenn die Gesundheitslinie sichtbar ist. Je schwerer die Linie, desto mehr ist das Nervensystem geschwächt. Wenn die Lebenslinie und die Gesundheitslinie sich treffen und an jener Stelle gleich stark sind, so tritt an diesem Punkt mit größter Wahrscheinlichkeit der Tod ein (j-j, Tafel VI).

Wenn sie die Lebenslinie irgendwo berührt, so sind Kräfte an der Arbeit, die das Leben untergraben.

Wenn ein Zweig die Gesundheitslinie verlässt und die Lebenslinie schneidet und wenn diese am Schnittpunkt schwach ist oder eine Insel aufweist, so bedeutet es Todesgefahr; wenn es in beiden Händen der Fall ist, dann wird die Person kaum genesen.

Wenn sie erst aus der Herzlinie unterhalb Merkur entsteht und an der Stelle, wo sie die Lebenslinie trifft, breit ist, so ist die Herztätigkeit schwach. Wenn dabei die Nägel keinen Halbmond haben oder wenn im Gegenteil die Nägel übermäßig lang sind, so künden sie Herzklopfen und schließlich ein Herzleiden an.

Wenn die Linie sehr rot ist und die Nägel sehr klein und flach sind, so treten Nervenkrankheiten auf, die das Herz beeinflussen.
Eine hellrote, schwere Linie mit kleinen Flecken zeigt Neigung zum Fieber an; die geringste Aufregung - und die Temperatur eines solchen Menschen steigt.
Wenn durchflochten und unregelmäßig, bedeutet sie Gallen-, Leber- und Nierenleiden (h-h, Tafel VII).
Wenn sie in kleine Stücke zerbrochen ist – Verdauungsschwäche.
In kleinen Inseln mit langen Nägeln – Gefahr für Brust und Lunge.
Das gleiche Anzeichen mit breiten Nägeln – Halsleiden (siehe Nägel, Tafel V).
Wenn sie zwischen der Kopf und Herzenslinie stark ausgeprägt ist – Neigung zu Schlagflüssen, Nervenfieber usw.
Diese Bemerkungen in Verbindung mit dem, was in Kapitel XI über Krankheitsanzeichen an der Lebenslinie gesagt wurde, wird dem Lernenden zum Mindesten eine gute Grundlage und genaue Auskunft über die wichtigsten Punkte in Bezug auf die Hand bieten. Krankheit oder Tod brauchen nicht notwendig zu der in der Hand angedeuteten Zeit einzutreten, außer wenn der Mensch in der Lebensweise beharrt, die jene Übel herbeiführt. Es ist Sache des Chiromanten, die Ursache zu ergründen, die das Herz oder die Nerven bedroht; und eine rechtzeitige Warnung kann eine gute Wirkung haben, selbst wenn der anscheinend blühend aussehende Mensch den Rat vorderhand verlachen mag.

XVII. Kapitel: Anzeichen der Heirat

What matter if „the words“ are said,
The license paid - they are not wed:
Unless love link each heart to heart,
Twere better keep those lives apart.

In meinem größeren Werk habe ich diesem Punkt beträchtliche Aufmerksamkeit gewidmet, und die vielen Briefe, die ich von Lernenden erhalten habe, haben mich für meine Mühe reichlich belohnt; sie waren ein Zeichen der Dankbarkeit für die Auskunft, die ihnen kein anderer Schriftsteller gegeben hat. Ich werde auch in diesem Werk versuchen, mich so klar wie möglich auszudrücken, obwohl ich mich auf das Wichtigste beschränken muss.

Ich benutze drei Systeme und ich kann dem Anfänger nicht genug einprägen, wie wichtig es ist, dass er sich alle drei gründlich aneigne, ehe er Genauigkeit erwarten kann. Wären alle Naturen gleich, dann könnte *ein* System genügen. Da aber die Ehe eine Einrichtung ist, die jede Natur auf verschiedene Weise beeinflusst, so sind diese Zeichen in den meisten Fällen schwer zu entziffern.

Wenn der Leser sich wundern sollte, warum die Heirat in dem einen Fall mehr auf der Venus-, in dem anderen mehr an der Schicksalslinie geschrieben steht, so möchte ich darauf antworten, dass das ganz natürlich und vernünftig ist; bei dem einen Temperament gibt die Heirat der Laufbahn Regel und Richtung, während sie bei dem anderen mehr die Gefühlsseite berührt.

Ich weiß, dass es Schwärmer gibt, die sich gegen diese Ansicht auflehnen werden und die glauben, dass die Ehe Inhalt und Zweck des Lebens ist und dass sie daher auf alle Menschen in gleicher Weise wirken muss. Aber ach! - Sie vergessen, dass die menschliche Familie sehr groß und vielgestaltig ist. Die Moral ist sowohl Sache des Klimas als der Erziehung und darum können wir nicht mit unserem eigenen Maßstab messen. Trotz aller Chiromanten heiraten Männer und Frauen nach ihrer eigenen Anschauungsweise. Die einen heiraten um Stellung, die anderen um Geld, wieder andere einfach, weil ihre Väter und Mütter vor ihnen geheiratet haben, und einige (ich glaube, das sind die Ausnahmen) heiraten aus Liebe. Also muss die Ehe an der Hand in mannigfacher Weise eingegraben sein. An der breiten Hand habe ich das Anzeichen der Heirat besonders klar auf der Merkurerhöhung gefunden, während es an der konischen Hand nur auf der Venus geschrieben steht, usw.

Es ist leicht verständlich, dass an der Hand einer Frau, die ihren Mann von Herzen liebt, die aber durch die Heirat in eine andere Laufbahn gedrängt wurde, die Heirat am Klarsten in der Schicksalslinie ausgedrückt ist. In anderen Fällen hat mir nur die Linie auf der Venus gezeigt, wann die Frau geheira-

tet hat, wie lang die Ehe gedauert hat und wann sie aufhörte, während kein anderes Anzeichen an der Hand verriet, dass sie je verheiratet war.
Wir können nicht alle Rätsel des Lebens ergründen, doch gerade deswegen sollten wir versuchen, in die Gesetze von Ursache und Wirkung einzudringen, die wir täglich um uns herum in die Tat umgesetzt erblicken.
Die drei Systeme müssen also so weit wie möglich zusammen studiert werden. Das älteste ist wohl das der Hindus; es besteht in der Prüfung jener Linien, die sich auf der Venuserhöhung gleichlaufend mit der Lebenslinie finden und Einflusslinien genannt werden. Ich gebe im Folgenden einige der klarsten Regeln.
Eine mit dem Leben gleichlaufende Linie, die deutlicher als die anderen ausgeprägt ist (k-k, Tafel VI), darf als der wichtigste Einfluss des anderen Geschlechts auf das Leben des Menschen angesehen werden; je näher und gleichmäßiger mit der Lebenslinie, um so besser. Wenn sie sehr klar und tief, aber weit entfernt ist, so hat der andere Teil ein grundverschiedenes Temperament.
Wenn sich diese Linie noch weiter von der Lebenslinie entfernt und sich schließlich in eine Gabel teilt, so sagt das Trennung oder Scheidung vorher, wenn die Gabel deutlich ausgedrückt ist und später ganz auslöscht. Wenn sie sich nur von der Lebenslinie abwendet, aber im übrigen weiterführt, so besteht die Ehe fort, obwohl es zu der Zeit, wo sich die Einflusslinie von der Lebenslinie abwendet, Uneinigkeiten geben mag (i-i, Tafel VIII).
Wenn die Einflusslinie in eine Insel mündet oder eine solche bildet, so wird die Person, die das Leben beeinflusst, in Unannehmlichkeiten und wahrscheinlich in Unehre geraten (1-1, Tafel VI).
Ein Entzweibrechen der Linie bezeichnet den plötzlichen Tod des Menschen (h-h, Tafel VIII). Wenn sich die Einflusslinie anstatt sich von der Lebenslinie zu entfernen, ihr zuwendet und nähert, so wird die Liebe des beeinflussenden Menschen mit den Jahren zunehmen.
Manche Menschen haben auf der Venus eine ganze Anzahl von Linien, die mit dem Leben gleichlaufen, andere ganz wenige. Aber nur die Linie gilt, die der Lebenslinie am Nächsten ist und sich klar von den übrigen abhebt; die anderen beziehen sich auf Menschen, für die man mehr oder weniger Zuneigung empfindet, und sie können nach ihrer Tiefe, ihrer Nähe zur Lebenslinie usw. beurteilt werden.

Die Einflusslinien an der Schicksalslinie

Ein Mensch, in dessen Hand viele feine Linien aufsteigen, die sich mit der Schicksalslinie vereinigen, ist in der Regel eine Person, in deren Geschick die Menschen aus der Umgebung mitbestimmend eingreifen. Wenn eine dieser

Einflusslinien stärker als der Rest erscheint, so wird die Zeit, wo sie die Schicksalslinie berührt, in den meisten Fällen mit dem Datum der Heirat übereinstimmen (j-j, Tafel VIII). Wenn die Schicksalslinie nach diesem Punkt besser wird, so ist das ein Zeichen, dass die Ehe einen günstigen Einfluss ausgeübt hat, aber wenn die Linie sich verschlechtert, so war die Wirkung eine ungünstige.

Wenn die Sonnenlinie an der Vereinigung der Einfluss- und Schicksalslinie entspringt, so bringt die Heirat Stellung, Glück und Wohlstand mit sich.

Eine reiche oder einflussreiche Verbindung zeigt sich also deutlich darin, dass diese starke Einflusslinie sich mit der Schicksalslinie verbindet und noch mehr darin, dass sie sich als feine Linie neben der Schicksalslinie fortsetzt (k-k, Tafel VIII).

Wenn jedoch die Linie auf der Lunaerhöhung entsteht, dann plötzlich abbiegt und sich mit der Schicksalslinie verbindet, so gründet sich die Heirat mehr auf Laune als auf wirkliche Zuneigung (h-h, Tafel VII).

Wenn die Heiratslinie stärker und tiefer als die Schicksalslinie erscheint, so wird der beeinflussende Mensch die größere Macht und die stärkere Persönlichkeit besitzen.

Das glücklichste Anzeichen besteht darin, dass die Einflusslinie ganz nahe bei der Schicksalslinie liegt und gleichmäßig mit ihr entlang geht (k-k, Tafel VIII).

Manche Schicksalslinien scheinen nachzugeben oder ihren Lauf etwas zu ändern, wenn die Einflusslinie hinzukommt, ein Zeichen der großen Gewalt, die der Einfluss zu dieser Zeit über den Menschen haben wird.

Ein Einfluss, der in der linken Hand tief und in der rechten gar nicht eingegraben ist, zeigt, dass die Liebe nur in geringem Maße erwidert wurde. Wenn die Linie an beiden Händen auftritt, so ist die Liebe gleichmäßig auf beiden Seiten; es ist auch ein gewisseres Anzeichen der Heirat.

Wenn sich die Einflusslinie der Schicksalslinie nähert, sich aber nicht damit verbindet, so wird um jene Zeit das Verhältnis abgebrochen (i-i, Tafel VII).

Die Linien auf Merkur

Unter Heiratslinien versteht man gewöhnlich *diese* Linien; dieses dritte System ist das einzige, das den meisten Chiromanten bekannt ist (Titelblatt).

Nur die tiefen schweren Linien sind der Beachtung wert; die leichten haben weiter keine Bedeutung, außer manchmal eine beabsichtigte Heirat.

Die Heiratslinie auf Merkur soll gerade und scharf sein, ohne Brüche, Inseln oder Unregelmäßigkeiten irgendwelcher Art. Wenn sie sich nach unten zur Herzenslinie biegt, so wird der andere Ehegatte zuerst sterben (l, Tafel VI).

Wenn sich die Linie nach aufwärts biegt, so wird der Mensch überhaupt kaum heiraten (1, Tafel VIII).
Wenn die Heiratslinie klar und deutlich ist, aber kleine Haarlinien nach der Herzenslinie zu entsendet, so spricht das von Kummer und Sorgen in der Ehe, veranlasst durch Krankheit des anderen Teiles. Wenn die Biegung nach abwärts spitz und scharf ist, so wird der andere Teil plötzlich sterben; ist der Winkel stumpf, so kommt das Ende allmählich.
Eine Insel in der Mitte der Heiratslinie bedeutet zeitliche Trennung (j, Tafel VII).
Eine Gabel am Ende der Linie, die sich nach der Mitte der Hand zu senkt, droht gerichtliche Trennung oder Scheidung (m, Tafel VI); besonders wenn eine Linie quer über die Hand in die Marsebene oder die Marserhöhung läuft (n-n, Tafel VI).
Wenn die Heiratslinie in zwei Stücke zerbrochen ist, so findet eine Unterbrechung des Ehelebens statt, aber nicht notwendigerweise eine gerichtliche Trennung.
Gegabelt und voll kleiner Inseln weissagt sie großes Unglück in der Ehe.

Übung in diesen drei Systemen wird den Leser in den Stand setzen, mit größter Genauigkeit die Vergangenheit zu lesen oder „die Schatten der Zukunft" zu entziffern. Diese drei Systeme widersprechen einander nicht, sondern unterstützen sich gegenseitig und beleuchten gewisse Punkte, die man mit einem System allein nicht enträtseln könnte. Die eine Hand zeigt vielleicht die Einzelheiten klar auf der Merkurerhöhung, die andere auf der Venus und wieder eine andere in der Schicksalslinie; aber nur ein Vergleich dieser drei Punkte wird Genauigkeit ermöglichen.

XVIII. Kapitel: Kinder

.... So oft to hear,
Thro' early hours, thro' later years,
The story of a mother's tears,
Or of a father's drunken care.
Ah me! how hard
To bear that load, that heavy cross,
To stagger on, and stumbling find,
All life but death, all death but loss,
With eyes alone to virtue blind.

Auf die Kinder beziehen sich die feinen aufrechten Linien, die sich auf Merkur von der Mitte oder dem Ende der Heiratslinie erheben (o, Tafel VI). Aus der Lage dieser Linien, ihrem Anfang und Ende, kann man genau die Zahl der Kinder; die Rolle, die sie im Leben spielen werden, usw., ermitteln.

Die einfachsten Regeln sind dies:

Tiefe Linien bezeichnen Knaben, schwache Mädchen. In der Regel stehen Knaben deutlicher an der Hand der Mutter, Mädchen auf der des Vaters geschrieben. Klare Linien sind starke, gesunde Kinder, wellige Linien das Gegenteil. Wenn der Anfang eine kleine Insel bildet, so wird das Kind anfangs schwächlich sein; wenn aber die Linie im übrigen gut ist, so wird das Kind gesund aufwachsen.

Bildet das Ende eine Insel, so stirbt das Kind (k, Tafel VII). Wenn eine Linie klarer und bedeutender erscheint als die anderen, so wird eines der Kinder im Leben der Eltern eine wichtigere Rolle spielen.

Manchmal wachsen die Kinder anstatt aus der Heiratslinie aus der Herzenslinie empor – dies drückt eine leidenschaftliche Liebe zu Kindern aus und den großen Wunsch, welche zu besitzen.

Die Zahl rechnet man von der Außenseite oder der Mitte der Heiratslinie nach der Handfläche zu.

Mitunter sind sie an einer Männerhand ebenso klar wie an einer Frauenhand; doch ist dies selten und kommt nur dann vor, wenn der Mann eine innige Liebe zu Kindern und ein besonders liebevolles Gemüt hat. Eine Frau bringt manchmal mehr Kinder zur Welt als in ihrer Hand geschrieben stehen; in diesem Fall wird nur die in der Hand angedeutete Zahl aufwachsen oder zum mindesten Einfluss auf die Mutter in späteren Jahren ausüben.

XIX. Kapitel: Die Via Lasciva und die Intuitionslinie

Die Via Lasciva (Titelblatt) wird sehr oft mit der Gesundheitslinie verwechselt, da sie ganz nahe bei dieser liegt. Sie ist ein Zeichen für sich, kommt jedoch nicht sehr oft vor.
Gewöhnlich erscheint sie als eine hellrote breite Linie, die wie eine Schlange an der Basis oder auf der Mitte der Lunaerhöhung entspringt und geradeswegs zur Venus auf der anderen Seite hinüberläuft; in diesem Falle ist es ein höchst ungünstiges Zeichen; es verrät eine wollüstige Phantasie, die den Leidenschaften die Zügel schießen lässt und so gewöhnlich das Leben verkürzt. Wenn sie sich am Handgelenk verläuft, ist sie weit weniger gefährlich. Ich habe sie oft an der Hand von Trinkern und anderen bemerkt, die sich dem Morphium oder Opiumgenuss ergeben haben.

Die Intuitionslinie

Die Intuitionslinie (Titelblatt) wird auch sehr selten gefunden. Sie bildet einen Halbkreis von der Merkur- zur Lunaerhöhung. Mitunter kreuzt sie die Gesundheitslinie oder verbindet sich zum Teil mit ihr; aber in guten Fällen ist sie vollkommen klar und deutlich, auch wenn eine Gesundheitslinie vorhanden ist. Sie gibt eine Natur, die für die Einflüsse der Umgebung und für Eindrücke besonders empfänglich ist, und bezeichnet einen „Sensitiven“ in jeder Hinsicht.

XX. Kapitel: Der Venusgürtel, der Ring des Saturns und die drei Armbänder

Ich habe nie gefunden, dass der Venusgürtel (Titelblatt) jene Sinnlichkeit verleiht, die man ihm gewöhnlich zugeschrieben hat, außer wenn sie an einer kurzen dicken Hand auftritt, an der auch die anderen Zeichen nichts Gutes verheißen. Er findet sich gewöhnlich an philosophischen, konischen oder psychischen Händen.

Er bezeichnet ein hochgespanntes sensitives Temperament, einen Menschen mit wechselnden Stimmungen, der sich durch Kleinigkeiten leicht beleidigt fühlt.

Wenn der Gürtel nicht unterbrochen ist, so gibt er eine höchst unglückliche Neigung zu Hysterie und Niedergeschlagenheit.

Wenn sich der Gürtel über die Seite der Hand erstreckt und so mit der Heiratslinie in Berührung kommt, so zerstört er gewöhnlich das eheliche Glück, weil dann der Mensch vom anderen Teil zu viel Rücksicht und Aufmerksamkeit beansprucht (m-m, Tafel VIII).

Der Ring des Saturn

Der Ring des Saturn (Tafel IV) ist ein äußerst unglückliches Zeichen. Er scheint die Schicksalserhöhung so vollkommen abzuschließen, dass diese Menschen nie das Ziel ihrer Arbeit und ihres Strebens zu erreichen scheinen. Dies ist zum Teil aus ihrem Temperament zu erklären, denn sie besitzen wenig Zielbewusstsein und erliegen auf halbem Wege.

Die drei Armbänder

Ich halte die drei Armbänder (Tafel IV) für weniger wichtig; doch helfen sie den Gesundheitszustand feststellen. Wenn sie nämlich wohl gebildet und gleichmäßig sind, so versprechen sie gute Gesundheit; wenn in Stücke gebrochen, das Gegenteil. Ein Punkt ist jedoch wichtig: wenn das erste, also das der Hand am nächsten liegende Armband, sich wie ein Bogen in die Handfläche erhebt, so droht Gefahr bei der Geburt von Kindern und allgemeine Schwäche des Unterleibs (p-p; Tafel VI).

XXI. Kapitel: Zeichen von untergeordneter Bedeutung

Der Stern

Ich halte den Stern (q, Tafel VI) an jedem Teil der Hand für ein glückliches Zeichen, ausgenommen unter dem Mittelfinger auf der Saturnerhöhung. In dieser Lage verleiht er eine wenig wünschenswerte Auszeichnung. Ein Mensch mit diesem Zeichen führt gewöhnlich ein phantastisches Leben; es wird häufig als Zeichen eines gewaltsamen Todes angesehen.

Das Kreuz

Das Kreuz (r, Tafel VI) ist das Gegenteil des Sterns und gilt selten als günstiges Zeichen; es bedeutet Kummer, Enttäuschung, Gefahr usw. Die einzige Lage, wo es Gutes verspricht, ist auf der Jupitererhöhung; mit sonstigen guten Anzeichen der Ehe ist dieses Zeichen noch günstiger, und auch wenn allein, spricht es von einer starken, tiefen und glücklichen Liebe.

Das Viereck

Das Viereck (s, Tafel VI) heißt gewöhnlich das Zeichen des Schutzes, denn es zeigt, dass der Mensch zu der betreffenden Zeit vor jeder ihm drohenden Gefahr bewahrt ist.

Die Insel

Die Insel ist niemals ein glückliches Zeichen. An der Schicksalslinie dicht unter der Venus bezeichnet es großes Elend, Widerwärtigkeit, Verrat u. dgl.; weiter oben auf der Marsebene Geldverlust, Sorgen und Ärger; in der Sonnenlinie Verlust der Stellung, solange die Insel dauert; in der Kopflinie Verlust des Verstandes oder eine Verletzung am Kopf; in der Herzenslinie Verlust an Lebenskraft; in der Gesundheitslinie Verlust der Gesundheit usf.

Der Kreis

Der Kreis ist ungünstig wie die Insel, außer wenn er deutlich auf der Sonnenerhöhung ausgeprägt ist.[18]

---

[18] *Anmerkung von Sir Morrier Williams: „Wenn sich die Linien der rechten Hand zu einem Kreis verbanden, so hielt man es für die Hand eines künftigen Helden oder Kaisers." Ich behaupte aber, nur, wenn der Kreis auf der Sonnenerhöhung liegt.*

Der Punkt

Der Punkt oder Flecken vermindert die Kraft jeder Linie, an der er erscheint; an der Lebenslinie bedeutet er Krankheit, an der Kopflinie einen Schlag oder Fall usw.

Das Gitter

Das Gitter kommt häufig vor, besonders auf den Polstern der Hand. Es verrät eine Unbeständigkeit im Charakter des Menschen, die den Erfolg der durch die betreffende Erhöhung bezeichneten Eigenschaften in Frage stellt.

Das Dreieck

Unter den kleineren Zeichen ist das Dreieck eines der besten. Wenn es klar und deutlich ist und nicht durch sich kreuzende Hauptlinien gebildet wird, so verleiht es den Eigenschaften der betreffenden Erhöhung größere Macht.

Das mystische Kreuz

Dieses seltsame Zeichen, das Liebe zum Mystizismus verleiht und deshalb mystisches Kreuz heißt, findet sich zwischen der Kopf und der Herzenslinie (o, Tafel VIII); es bedeutet besonderes Talent für okkulte und mystische Dinge.

Der Ring des Salomon

Dieses Zeichen (Tafel IV) bedeutet ebenfalls Liebe zum Okkulten, zeigt aber mehr die Kraft des Meisters, des Adepten, im Gegensatz zu der im mystischen Kreuz gezeigten Liebe zum Okkultismus.

Hände, die mit Linien bedeckt sind

Ein feines Netz von Linien, das die Hände vollständig bedeckt, spricht von einer sehr nervösen und leicht geängstigten Natur. Sehr glatte Hände zeigen, dass ihr Besitzer die Sorgen keine Macht über sich gewinnen lässt; aber ausnahmsweise glatte Hände, die außer den Hauptlinien fast keine Zeichen aufweisen, geben eine mehr oder weniger phlegmatische Anlage.

Reisen und Unfälle

Reisen künden sich auf zweierlei Weise an; erstens durch die kleinen Linien, die die Oberfläche der Lunaerhöhung durchqueren (p-p, Tafel VIII) und auch von ihrem Ansatz in die Hand hinaufsteigen (q-q, Tafel VIII); zweitens durch die feinen Linien, die die Lebenslinie verlassen und sich nach dem Ansatz der

Lunaerhöhung hinziehen (t-t, Tafel VI). Die letzteren sind wichtiger, denn sie zeigen bedeutungsvolle Veränderungen im Leben an, sowohl was den Ort als die Entfernung betrifft.

Unfälle werden durch plötzliche Unterbrechung der Linien angedeutet oder durch Linien, die von der Saturnerhöhung zu einem bestimmten Punkt herabfallen. Ein scharfer Bruch in der Kopflinie z. B. bedeutet gewöhnlich einen Unfall, der den Kopf in Mitleidenschaft zieht.

Die Linien vom Saturn, die zur Kopf oder Lebenslinie laufen, sind oft am leichtesten wahrzunehmen und auch am verhängnisvollsten (1-1, Tafel VII). Eine Linie ist aber nur dann fallend, wenn sie auf dem Saturn sehr dick und beim Berühren der Kopflinie sehr fein ist.

XXII. Kapitel: Die Zeit – Das System der Sieben

Es gibt viele Systeme, um die Daten an der Hand festzustellen, aber ich halte das System der Sieben[19], das ich beständig in meiner eigenen Arbeit benütze, für das verlässigste und leichteste.

Jede Linie an der Hand kann in Abschnitte eingeteilt werden, die die Daten mehr oder weniger genau angeben. Die wichtigsten und in diesem Zusammenhang meist befragten Linien sind die Lebens- und die Schicksalslinie. Tafel IX zeigt die Art und Weise, wie diese eingeteilt werden und wie eine Linie, die das Leben im fünfunddreißigsten Jahr schneidet, die Schicksalslinie im gleichen Jahr trifft.

Die zwei Seiten des in diesem System gezeigten Dreiecks werden durch die Linien gebildet, die die Schicksalslinie im einundzwanzigsten und fünfundzwanzigsten Jahre schneiden. Dieser Teil der Handfläche heißt seit undenklichen Zeiten die Marsebene, welche das Schlachtfeld des Lebens andeutet. Dieser Idee gemäß scheint mit fünfunddreißig Jahren die Schlacht je nachdem zu unseren Gunsten oder Ungunsten entschieden zu sein. Es lässt sich nicht leugnen, dass dies der tätigste Teil unseres Lebens ist, die Grundlage, auf der wir später stehen oder fallen.

Der Chiromant muss aber den Handtypus in Betracht ziehen, ehe er seine Berechnungen anstellt; denn es muss selbstverständlich zwischen den Daten an der breiten und an der konischen Hand ein beträchtlicher Unterschied bestehen; wenn er das im Auge behält, so wird er seinen Maßstab entsprechend verkleinern oder vergrößern.

Eine Regel aber gibt allen Berechnungen eine sichere Grundlage; nämlich eine vom Mittelpunkt der Venus durch die Mitte der Hand bis zum Ansatz des kleinen Fingers gezogene Linie schneidet die Schicksalslinie bestimmt im fünfunddreißigsten Jahr, und wenn dieser Punkt einmal gefunden ist, dann wird man alles andere leicht feststellen können. Nach einiger Übung wird der Lernende imstande sein, sich im Geist ein Bild dieser Linie quer über die Hand zu machen.

Das fünfunddreißigste Lebensjahr fällt auch in die Mitte der Kopflinie unter den Finger Saturns. Wenn also an dieser Stelle eine Insel oder Unterbrechung der Linie vorhanden ist, so wird in ungefähr demselben Alter das Gehirn in Mitleidenschaft gezogen. Ähnliche Berechnungen gelten für die Herzenslinie: Die Stelle unter dem Mittelfinger bezieht sich auf das Alter von achtund-

---

[19] *Der Ausdruck „System der Sieben" ist natürlich uralt. Die Einteilung der Lebens- und Schicksalslinie in Abschnitte von sieben Jahren, wie in Tafel IX, stammt von mir. Ich sehe mich zu dieser Feststellung gezwungen, da skrupellose Leute in Amerika dieses System und Diagramm buchstäblich meiner „Sprache der Hand" entnommen haben.*

zwanzig bis fünfunddreißig Jahren; unter dem Goldfinger von zweiundvierzig bis neunundvierzig und unter dem kleinen Finger von sechsundfünfzig bis ans Ende. Doch sind die Lebens- und die Schicksalslinie ein zuverlässigerer Führer in Bezug auf die Zeit.

XXIII. Kapitel: Modus Operandi

Ich möchte dem Lernenden raten, sich beim Studium der Hände dem Besitzer derselben gegenüber zu setzen, und zwar so, dass ein gutes Licht direkt auf die Hand fällt. Keine dritte Person sollte sich in der Nähe befinden, denn sie würde selbst bei ruhigem Verhalten doch unbewusst die Aufmerksamkeit ablenken.

Beim Lesen der Hand ist es nicht unumgänglich nötig, eine bestimmte Zeit einzuhalten, doch ist das Tageslicht entschieden am Besten, denn der Blutumlauf macht am Abend die Handfläche rötlich, so dass man die dünneren Linien schwer sehen kann. Die beiden Hände sollen zu gleicher Zeit geprüft werden, besonders in Bezug auf alle wichtigen Punkte, wie Krankheit, Tod, Heirat usw. Ehe man sich bestimmt über ein wichtiges Ereignis ausspricht, müssen die beiden Hände sorgfältig verglichen werden.

Man lasse zuerst die Hand auf einem Kissen oder Tisch vor sich ruhen und beachte, welche Lage sie von Natur einnimmt und welcher Finger oder Teil der Hand den Rest zu beherrschen scheint.

Bei Prüfung der Linien halte man jedoch die Hand fest und drücke die Linien, bis das Blut hineinfließt; dann wird man deutlich sehen, ob sie in dieser oder jener Richtung zu wachsen suchen oder ob kleine Zweiglinien anfangen, sich von der Hauptlinie abzutrennen.

Ehe man sich über die Linien entscheidet, klassifiziere man im Geist die Hand. Man merke sich auch, dass die breite Handfläche spitze, spatelförmige oder philosophische Finger haben kann und umgekehrt.

Man beachte die Härte oder Weichheit der Hand, die Stärke oder Nachgiebigkeit und die Länge oder Kürze des Willensgliedes am Daumen, auch die Länge oder Kürze der Finger im Verhältnis zur Handfläche.

- Dann spreche man ehrlich, furchtlos, aber freundlich.
- Man kann die reinste Wahrheit sagen, aber man gebe Acht, wie man sie sagt.
- Vor allem soll man nicht denken, dass die eigenen Ideen über Religion und Moral unbedingt die richtigen sein müssen und dass alle, die nicht damit übereinstimmen, Sünder und Ausgestoßene sein müssen.
- Dränge deine Ansichten niemand auf.

Man denke sich in die Lage des Anderen hinein und versuche sich die Wirkung klarzumachen, die Erziehung, Umgebung und ererbte Leidenschaften auf ihn ausgeübt haben müssen. Dann wird man mit ihm fühlen, man wird ein eifriges Interesse an den verworrenen Fäden seines Lebens nehmen und die eigne Person völlig vergessen.

Der einzige Zweck sei, Gutes zu tun, den Menschen zu helfen, die einen zu Rate ziehen. Man gebe ihnen die eigene Kraft, das Herz, den Verstand. Vor allem denke man an die Arbeit, dann erst an sich selbst. Niemand soll entmutigt sein, wenn er sich dieses Studium nicht im Handumdrehen aneignen kann. Man kann in einer Stunde keine Sprache erlernen. Wie kann man dann erwarten, diese, die Sprache des Lebens, an einem Tag zu ergründen. Wenn man aber dieses Studium aufnimmt, dann soll man es gründlich tun oder gar nicht; nicht zum Vergnügen, nicht aus einer vergänglichen Laune, sondern um der Wahrheit willen, die diesem Studium zu Grunde liegt. Es wird auch der eigenen Person nützen, indem es anderen Menschen Nutzen bringt.

Anhang

Seit dem ersten Erscheinen dieses Buches haben sich mehrere wichtige Punkte in Bezug auf das Studium der Hand meiner Beobachtung aufgedrängt; und da ich denen gern helfen möchte, die sich ehrlich bemühen, in die Geheimnisse dieser Wissenschaft einzudringen, so benütze ich die Gelegenheit, meinen Lesern in dieser neuen vergrößerten Auflage weitere Auskunft zu geben. Hunderte von Leuten, die sich für diesen Gegenstand interessieren, haben z. B. bei mir angefragt, wie man die besten Abdrücke und Formen der Hand feststellt. In den letzten zehn Jahren habe ich täglich achtzig bis hundert Briefe über verschiedene interessante Punkte in diesem Fach erhalten; es ist klar, dass es bei einer so umfangreichen Korrespondenz unmöglich ist, die so häufig gestellten Fragen über Abgüsse und Abdrücke mit wünschenswerter Ausführlichkeit zu behandeln. Das Erscheinen einer neuen Auflage bietet also eine passende Gelegenheit, die gewünschte Auskunft zu erteilen.

Was den viel besprochenen Punkt betrifft, ob zum Zweck des Studiums Abgüsse besser seien als Abdrücke auf Papier, hat mich meine eigene Erfahrung gelehrt, dass die Abgüsse allerdings gewisse Vorteile bieten; doch werden diese Vorteile wieder vielfach durch die Tatsache in den Schatten gestellt, dass die Abdrücke sehr leicht herzustellen sind und dass man sie in ungeheurer Anzahl aufbewahren kann, ohne fürchten zu müssen, dass sie zerrieben, zerbrochen und entfärbt werden, wie es bei den Abgüssen der Fall ist. Ich werde also zuerst auf die Herstellung von Abdrücken näher eingehen.

Abdrücke vermittels chemischer Stoffe

Gute Abdrücke der Hand können auf dutzenderlei Weise hergestellt werden. Zu diesem Zweck werden z. B. chemische Lösungen angewendet; eine der einfachsten und besten ist Tannin und Eisen.

Man benützt dazu eine geringe Menge Tannin, das man überall kaufen kann, und verdünnt es in einer flachen Schüssel oder Pfanne mit Wasser. Dann nimmt man ein Blatt guten glatten Papiers, taucht es in das Tannin und hängt es zum Trocknen auf. Dadurch wird das Papier gelb und somit gebrauchsfertig. Hierauf macht man eine dünne Eisenlöschung, bepinselt damit die Hand, legt diese fest auf das gelbe Papier, drückt sie einen Augenblick lang nieder und zeichnet den Umriss der Hand und der Finger mit einem Bleistift, wenn man die Hand aufhebt, so wird man auf dem gelben Tanninhintergrund einen guten schwarzen Abdruck finden.

Der größte Nachteil dieses Verfahrens besteht darin, dass die mit dem Tannin in Berührung kommende Eisenlösung auch die Hand schwarz macht und dass sie sich gar nicht leicht abwaschen lässt.

Überhaupt leidet die Hand immer mehr oder weniger beim Gebrauch von chemischen Stoffen, weshalb ich sie für diesen Zweck nicht empfehle.

Abdrücke mittels Kampferrauch

Ein ziemlich allgemein angewandtes Verfahren besteht darin, dass man Papier durch den Rauch einer gewöhnlichen Talgkerze schwärzt. Der Abdruck wird dann mit einem Fixativ bespritzt, das man in jeder Zeichenmaterialienhandlung erstehen kann.
Das Verfahren klingt etwas primitiv, aber man kann auf diese Weise doch mit wenigen Kosten und geringer Mühe ausgezeichnete Abdrücke erlangen; auch die Reinigung der Hände bietet keine Schwierigkeiten.
Im Notfall kann man durch Kampferrauch gute Resultate erzielen. Man braucht dazu nichts weiter als ein kleines Stück Kampfer, das man leicht in der Westentasche tragen kann, und ein paar Bogen glatten Papiers. Man zündet den Kampfer an, schwärzt das Papier mit dem Rauch, zeichnet den Umriss mit einem Bleistift und fixiert den Abdruck. Die meisten Abdrücke in meinem Buch „Die Sprache der Hand" sind auf diese Weise hergestellt worden; einige davon sind allerdings nicht so gut geraten, wie man wünschen möchte, aber andere sind wieder so deutlich, dass sie jede Linie zeigen. Bedauerlicherweise gehören viele von diesen Händen solch berühmten Männern und Frauen an, dass man wünscht, die Abdrücke wären nach dem besten Verfahren hergestellt worden; aber ich hatte leider nicht immer die besten Mittel zur Hand, so dass ich mich den Anforderungen des Augenblicks anpassen musste.

Abdrücke mittels Druckerschwärze

Für das beste Verfahren halte ich den Gebrauch lithographischer Tinte. Man erzielt damit vortreffliche Abdrücke, besonders wenn man eine kleine Gelatinerolle benutzt, um die Tinte über die Handfläche zu rollen. Der ganze Apparat besteht aus einer viereckigen Glasscheibe, einer kleinen Walze und etwas lithographischer Tinte.
Am besten ist die dicke Tinte, die gewöhnlich in kleinen Tuben verkauft wird. Man presse die Tinte auf die Glasscheibe und rolle so lange, bis die Walze gleichmäßig damit bedeckt ist. Man verschaffe sich einen kleinen Holzblock, der in der Mitte eine in die Höhlung der Hand passende Erhöhung aufweist. Dann rolle man die Tinte sorgfältig über Hand und Finger, lege ein Blatt Papier auf den Holzblock, drücke die Hand fest auf das Papier und zeichne den Umriss. Auf diese Weise wird man ausgezeichnete Erfolge erzielen. Der Abdruck von Mr. Gladstones Hand, die in meiner „Sprache der Hand" und

auch auf dem Umschlag dieses Buches erscheint, wurde von mir am 3. August 1897 nach diesem Verfahren hergestellt. Er wäre wohl noch besser gelungen, aber der Tag war so heiß, dass die Feuchtigkeit der Hand die Tinte beeinflusste, sonst würden die Linien noch deutlicher hervortreten.
Um die Hand von der Tinte zu reinigen, bediene man sich eines guten Waschpulvers und warmen Wassers, und in ein paar Minuten ist die Hand wieder rein. Bis jetzt war ein verlässliches Mittel, um die Tinte von der Hand zu entfernen, nicht allgemein bekannt, weshalb das Verfahren mit Druckerschwärze nicht häufig angewendet wurde; bei Anwendung des Waschpulvers braucht man jedoch keine Sorge zu haben.
Durch das folgende interessante Verfahren erhält man natürlichere, also dunkle Linien, während die oben genannte Methode weiße Linien erzeugt.
Der erste Abdruck wird auf sehr dünnem Papier hergestellt; wenn die Tinte darauf vollkommen trocken ist, bedecke man die Seite des Papiers, die keine Tinte erhalten hat, mit feinem klaren Öl; dadurch wird das Papier durchsichtig und kann, wenn es trocken ist, wie ein photographisches Negativ gebraucht und auf dieselbe Weise gedruckt werden. Das wird die Linien umkehren und sie werden dunkel erscheinen wie an der Hand selbst. Wer Zeit auf die Anfertigung der Abdrücke verwenden kann, der wird diese Methode sehr zweckentsprechend finden; für gewöhnliche Abdrücke zu Studienzwecken ist aber das einfache Verfahren ausreichend.

Die Herstellung von Abgüssen

Der große Vorteil der Abgüsse besteht darin, dass sie die Form der Hände zeigen. Ihr größter Nachteil ist ihre Zerbrechlichkeit und der Raum, den sie beanspruchen, wenn die Sammlung sich in die Hunderte oder gar in die Tausende vermehrt. Ein anderer Punkt, den die Verteidiger der Abgüsse außer Acht lassen, ist der, dass die feinen Linien so leicht abgerieben werden und dass sogar das Abstauben diese kleinen Linien beeinflusst und sie sehr schnell vollständig auslöscht. Man kann natürlich dem Abguss einen Anstrich geben und ihn so bis zu einem gewissen Grade beschützen; doch das nur nebenbei.
Man stellt zuerst eine Form aus Wachs oder einem anderen weichen Stoff her; allerdings kann man den Guss auch unmittelbar aus Gips herstellen, doch ist die erste Art bei weitem die beste.
Zur Herstellung einer guten Form braucht man gutes Wachs, das man sich wohl in jeder Stadt verschaffen kann; die beste Art ist die, welche von Zahnärzten zu Gaumenabdrücken benützt wird.
Man lege das Wachs in kochendes Wasser, bis es weich genug ist, um sich leicht verarbeiten zu lassen. Dann walke man es in ein flaches Stück von der Größe der Hand aus und lege die Hand mit festem Druck darauf.

Wenn diese Form abgekühlt und eingefettet ist – letzteres um das Ankleben zu vermeiden – dann bereite man den Gips, gieße den flüssigen Gips in die Form und lasse ihn hart werden. Um den Guss aus der Form zu lösen, muss man diese häufig in Stücke brechen, jedoch geschehe das mit der größten Sorgfalt, damit nicht zugleich der Abguss zerbrochen wird. Wenn man die Form direkt aus Gips herstellt, so muss man die Hand mit Öl bestreichen, damit der Gips nicht anklebt. Ist Wachs nicht leicht zu beschaffen, so kann es durch Gelatine und sogar durch Kitt ersetzt werden.

Dr. Cesare Lombroso und die Chiromantie

Dass die Hand der Spiegel des Charakters und der geistigen Fähigkeiten ist, ist auch von einem der größten Kriminologen des vorigen Jahrhunderts bestätigt worden. Am 28. Mai 1899 erschien im New York Journal ein Artikel von der Feder des berühmten Dr. Lombroso, worin dieser Mann, die anerkannteste Autorität in diesem Fach, über die Erziehung der Kinder, die Anzeichen des Charakters und der schlimmen Tendenzen sprach, die sich in der Bildung des Kopfes, der Ohren, des Gaumens, der Zähne usw. zeigen; gegen Schluss seines Artikels erklärte er, dass er trotz alledem ein Studium der Handformen und -linien für den sichersten Führer zur Erkenntnis des Charakters und der geistigen Fähigkeiten halte. Zur Bekräftigung seiner Behauptung gab er Abbildungen der normalen und der anormalen, mit anormalen Linien bedeckten Hand. Er wandte seine Hauptaufmerksamkeit der Kopflinie zu und seine Bemerkungen stimmen bis ins kleinste mit den Regeln überein, die gute Chiromanten aufgestellt haben.

Ich erwähne das als eines der besten Argumente, die man anführen kann, nicht bloß um Zweifler von der Wahrheit dieser Wissenschaft zu überzeugen, sondern auch, um Eltern den ungeheuren Vorteil vor Augen zu führen, den sie sich sichern würden, wenn sie ihre Vorurteile beiseite legen und ein wenig von der verschiedenen und viel geschmähten Chiromantie lernen wollten.

Ich möchte noch gern ein wenig auf die Gründe eingehen, warum dieses Studium selbst in unseren Tagen immer noch feindseliger Kritik und Missachtung ausgesetzt ist, trotzdem es sich mit Riesenschritten die Gunst des Publikums erringt. Nicht die Wissenschaft selbst, nicht ihre Philosophie, nicht die Enthüllung der Vergangenheit oder der Zukunft ist schuld daran, sondern die Schar der so genannten Chiromanten, die als Schmarotzer von dem rechtmäßig erworbenen Ruhm wissenschaftlich geschulter Handwahrsager zehren.

Etwas Geld zu Reklamezwecken und eine gute Dosis Selbstvertrauen sind die einzigen Voraussetzungen, die man für nötig hält. Das Publikum hat keine Zeit zum Denken und immerhin würde sich unter zehn kaum einer die Mühe geben. Die Leute sehen das Wort „Chiromant“ über einer Tür und das genügt.

Sie fragen nicht nach seiner Qualifikation oder seiner Ausbildung. Sie lassen sich beschwindeln und eifern dann gegen alle Chiromanten und gegen die Wissenschaft selbst, obwohl sie in der Regel nicht einmal den Namen des Schwindlers wissen, der sie betrogen hat. In der Bond Street in London ließ sich z. B. vor einiger Zeit ein Mann als Chiromant nieder, hing aber keinen Namen an seine Tür, außer den anziehenden viel missbrauchten Worten „Wissenschaftlicher Chiromant". Er ließ sich in einer Aufmachung photographieren, worin er mir möglichst ähnlich sehen sollte, und kaum zehn Häuser von dem meinen entfernt machte er ein glänzendes Geschäft mit Leuten, die ihn im Glauben, dass er „Cheiro" sei, zu Rate zogen. Er hätte vielleicht jahrelang so fortgefahren, wenn er nicht an einigen seiner Kunden Erpressungsversuche verübt hätte; nun aber musste die Polizei einschreiten, worauf er für immer vom Schauplatz verschwand.

Noch ein Wort über die Erpressungen, die an den Klienten verübt werden. Es gibt keinen Zweifel darüber, dass das geschieht, und zwar viel häufiger, als man denkt. Ich kann darum meine Leser nicht genug zur Vorsicht mahnen, wenn sie Leute zu Rate ziehen, die sich Chiromanten nennen, oder jene noch schlimmere Sorte, die für indischen Okkultismus, indische Chiromantie usw. Reklame machen. In einem späteren Buch über meine Erfahrungen als Chiromant werde ich Tatsachen über diese Kniffe veröffentlichen, die manchen Leser überraschen werden. Solche Betrüger fragen ihren Kunden nach Namen und Geburtsort, angeblich damit sie den Geist ihres Astrologen befragen können. Nach drei Tagen oder einer Woche kommt der Kunde zurück, um die gewünschte Auskunft zu erlangen, und bei dieser Gelegenheit wird ihm eröffnet, dass er eine hohe Summe für das Experiment zu bezahlen hat und dass im Weigerungsfalle gewisse Tatsachen aus seiner Vergangenheit in anonymen Briefen seiner Familie mitgeteilt würden. Auf keinen Fall nenne man seinen Namen; Namen sind ganz und gar überflüssig. Während meiner ganzen Laufbahn als Chiromant wusste ich nie, wer die Person war, die mich um Rat fragte, außer wenn sich dieselbe am Schluss der Besprechung in mein Zeugnisbuch einzuschreiben wünschte. Zur Anmeldung genügen Nummern oder Buchstaben; der Chiromant kann in die Wissenschaft von der Hand volles Vertrauen setzen, denn die Hand sagt die Wahrheit über die Stellung und die Lebensverhältnisse des Menschen.

Ich bin jederzeit gerne bereit, über die Herstellung von Abgüssen oder Abdrücken der Hand weitere Auskunft zu geben. Briefe erreichen mich durch meine Verleger.

CHEIRO

Auszüge aus Cheiros Autographenbuch

Anmerkung: Diese Auszüge werden veröffentlicht, um den Anfänger in dieser Wissenschaft zu ermutigen; denn diese Zeugnisse von Männern und Frauen, deren Namen über alle Zweifel erhaben sind, beweisen, was diese Wissenschaft geleistet hat und leisten kann, wenn sie gründlich und ernstlich studiert wird.

Herzog von Newcastle: Cheiro hat mein Leben mit wunderbarer Genauigkeit dargestellt, besonders was gewisse spätere Ereignisse betrifft, die er damals unmöglich wissen konnte.

Sir Henry Drummond Wolff: Cheiros außerordentliche Kunst hat mich in Erstaunen gesetzt.

Rev. Everard Blake, A.K.C: Cheiro hat die Hauptereignisse meines Lebens vor meinen Augen vorüberziehen lassen.

Ella Wheeler Wilcox: Cheiro verblüfft – und hilft.

Madame Melba: Cheiro ist wunderbar! Was kann ich mehr sagen?

Mark Twain: Cheiro hat mir meinen Charakter mit beschämender Genauigkeit vor Augen gehalten; vielleicht sollte ich diese Genauigkeit nicht eingestehen, ich will es aber doch tun.

John Strange Winter: Ich möchte jeder Mutter raten, ihre Kinder zu Cheiro zu bringen und sich von seinen Ratschlägen leiten zu lassen.

Robert T. Cooper, M.D.: Cheiro hat mir die Hauptereignisse meiner Vergangenheit richtig vorgeführt. Dieses Fach verdient gewiss ein vorurteilsloses, wissenschaftliches Studium.

Florence Marryat: Cheiro hat mein vergangenes Leben aus meiner Hand mit größerer Genauigkeit gelesen, als ich selbst es aus dem Gedächtnis hätte tun können.

Oberstlieutenant Ponsonby: Cheiro ist in der Tat wundervoll.

Rev. Minot J. Savage: Was Cheiro aus meiner Hand gelesen hat, war so richtig und genau, dass es mein Interesse für seine Kunst in hohem Grade erregt hat; seine Leistungen haben mir die größte Achtung eingeflößt.

W. M. Hart Broughton: Cheiro hat mir mit seinen Ratschlägen über den schwersten Kampf meines Lebens hinweggeholfen.

Richter William A. Vincent, V. St. A.: Cheiro hat mir Dinge gesagt, von denen ich glaubte, dass sie nur mir allein bekannt wären, und ich muss bekennen, dass der Spiegel meines Wesens, den er mir vorhielt, überaus treu und richtig war.

Rev. Dr. Davidson (Superintendent of Instruction, Chautauqua Association): Das moralische Element in Cheiros Lehre erhebt und ermutigt. Ich bin so weit von meiner Zweifelsucht bekehrt, dass ich die Fährte dieses Gedenkens weiter verfolgen werde.

Charles B. Howry (Assistant Attorney General, V. St. A): Nach allem, was Cheiro mir von meinem Charakter und meinem Leben gesagt hat, ist seine analytische Gabe ebenso hervorragend als seine Enthüllungen merkwürdig sind.

Hon. H. S. Pingree (Gouverneur von Michigan): Cheiros Darstellungen sind so genau und richtig, dass sich mit ihm nicht streiten lässt.

Oscar Wilde: Ganz gewiss, Cheiro, das Rätsel und das Geheimnis der Welt liegt im Sichtbaren, nicht im Unsichtbaren.

Melton Prior: Cheiro hat mir eine an Schrecken grenzende Ehrfurcht für dieses Studium eingeflößt.

„Rita“: Cheiros genaue Schilderung meines Lebens hat mich in Erstaunen gesetzt.

Frank Leslie: Was Sie aus der Hand gelesen haben, ist so überraschend wahr, dass Ihre geheimnisvolle Fähigkeit Furcht einflößen könnte, wenn man nicht gezwungen wäre, Ihnen so unbedingt zu vertrauen.

Professor Max Müller: Cheiro hat diese Wissenschaft zur höchstmöglichen Vollkommenheit gebracht.

Gladstone: Sie haben das Studium der Hand nicht bloß interessant, sondern auch bedeutungsvoll und nützlich gemacht.

Seltene & vielgesuchte Bücher neu aufgelegt im Bohmeier Verlag

Übersetzungen aus dem Russischen oder Englischen:

Dunkle Magie, Hexerei und die Möglichkeiten der Schwarzen Kunst von Nitibus
Magische Praxis der Lebens- & Liebeskünste von Anatol
Ukrainische Dämonologie von Malinka A N Tschernigow
Die Hohe Magie der Alten von P. Piobb
Magische Spiegel von Paul Sédir
Briefe zur Mystik von Paul Sédir
Kundalini von George Sydney Arundale
Egyptian Magic - Ägyptische Magie von E. A. Wallis Budge
Die Pfadarbeiten von Aleister Crowley von Aleister Crowley, J. F. C. Fuller
Die Legende von Aleister Crowley von Israel Regardie, P. R. Stephensen
OPHIOLATREIA von Anonym
Dämonologie von King James IV., König von Schottland
Das Buch der Werwölfe von Sabine Baring-Gould
Die Geschichte des Teufels von Paul Carus
Vikram und der Vampir von Captain Sir Richard F. Burton
Edom und die Edomiter von Mary L.T. Witter

Neuauflagen alter Grimoires über Magie:

Das 6. und 7. Buch Mose von Mose
Das 8. und 9. Buch Mose von Mose
Geschichte der Hexen und Hexenprozesse von Carl Lempens
Die Magie der Zahlen von Leon Hardt
Die Wiedergeburt des Magischen von Dr. Walter Kröner
Kurzgefasstes Weiber-Büchlein von Anonym
Die Bernsteinhexe Maria Schweidler von Wilhelm Meinold (Hrsg.)
Das Buch der Amulette und Talismane - von R. H. Laarss
Aberglaube und Zauberei in der Volksmedizin von Carly Seifarth
Der Duell-Codex und der Ehrenkodex von Gustav Hergsell, John Lyde Wilson
Überlieferte Geheimwissenschaften von Waldemar Froese (Hrsg.)
Zwei Hexenprozesse von Dr. Ignaz Zingerle (Hrsg.)
Das Rätsel des Menschen von Carl du Prel (Dr.)
Wunder der Natur oder die Goldischen Bande (Alchemie) von J. Neithold
Faust's Leben, Taten und Höllenfahrt von Maximilian Klinger
Deutsche Mythologie von Prof. Dr. F. Kauffmann

Aktuelle Infos und weitere Neuerscheinungen aus dem Bohmeier Verlag unter www.magick-pur.de

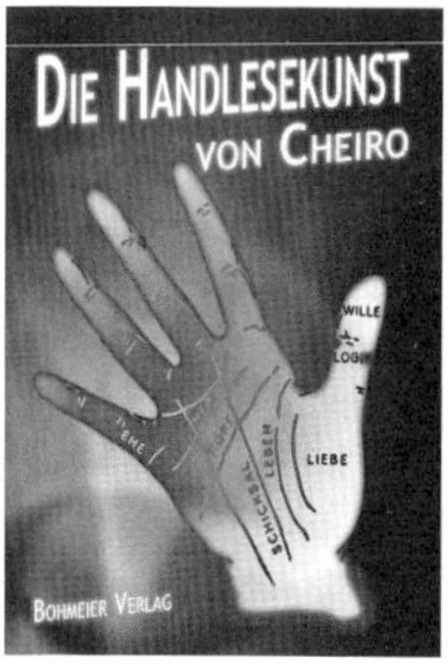
Die Handlesekunst
von Cheiro
Wille
Liebe
Bohmeier Verlag

High werden ohne Drogen
Ein Bewusstseinserweiterndes Handbuch
von Frederick E. Dodson
Bohmeier Verlag

KRAFTTIERE
Die unsichtbaren Begleiter
von Tanja Schröder
Bohmeier Verlag

Das Geheimnis der Dualseelen,
Seelengefährten und Seelengeschwister
von Sandra Ruzischka
Bohmeier Verlag

Des Teufels Apokryphen
Zu jeder Geschichte gibt es zwei Seiten
von John A. De Vito
Bohmeier Verlag

Sternentore
Die rätselhafte sechste Dimension
Bohmeier Verlag

Die Entsäuerung des Körpers
in 10 Schritten
Der ultimative Jungbrunnen und Schlankmacher!
Das Säure-Basen-Gleichgewicht
Anleitung zur Ausschwemmung krankmachender Säure
Bohmeier Verlag
von Patrizia Pfister

Die geheimen Botschaften,
Manuskripte und Schätze der Templer
in RENNES - LE - CHATEAU
Die Auflösung des kosmischen Geheimnisses
das bisher nur Eingeweihten vorbehalten war
von Monika Hauf

Das Buch der
Werwölfe
von Sabine Baring-Gould
Bohmeier Verlag

Küchenmagie
von Sor. Conata
Bohmeier Verlag